Tanja Abou

Klassismus im Bildungsystem

unrast transparent
soziale krise

UNRAST

Bibliografische Information der Deutschen Bibliothek:
Die Deutsche Bibliothek verzeichnet diese Publikation in der Deutschen Nationalbibliografie; detaillierte bibliografische Daten sind im Internet über https://www.dnb.de abrufbar.

Tanja Abou
Klassismus im Bildungsystem

unrast transparent
soziale krise
Band 7

1. Auflage, März 2024
ISBN 978-3-89771-154-9

kontakt@unrast-verlag.de | www.unrast-verlag.de
Mitglied in der assoziation Linker Verlage (aLiVe)

Umschlag: Unrast Verlag, Münster
Satz: Unrast Verlag, Münster
Druck: Multiprint, Kostinbrod

Inhalt

Einführung

Ein Skandal, von dem alle wissen

Ich bin ein Kind der Bildungsreform der 1960er/1970er Jahre, sage ich immer. Jener öffentlichen Sensibilisierungskampagne, die den Zugang zu formeller akademischer Bildung öffnen sollte. Meine in dieser Zeit ausgebildeten Grundschullehrer*innen stelle ich mir als junge, enthusiastische Pädagog*innen vor, mit dem festen Willen, wenn nicht die Welt, dann zumindest die Gesellschaft, in der sie leben, verändern zu wollen – auf der Suche nach dem ›katholischen Arbeitermädchen vom Lande‹ (vgl. Dahrendorf 1965: 48), dem sie formelle Bildung nahebringen könnten. Ich war zwar weder katholisch noch wirklich vom Lande, aber lebte immerhin in einer Arbeiter*innensiedlung in einem kleinen Dorf, wo wir Kinder uns nicht nur gegenseitig verschiedene Sprachen beibrachten, sondern auch von größeren Geschwistern aufschnappten, was sie bereits in der Schule gelernt hatten. Mit dem Schuleintritt konnte ich daher bereits lesen und ein wenig schreiben. Das war offenbar ausreichend, um mich für das Projekt ›Bildungsexpansion‹ in den Fokus meiner Lehrer*innen zu rücken.

Ich habe massiv von dem Zuspruch und der Förderung durch Lehrende profitiert – und ich weiß heute, dass das eine Ausnahme ist. Es hätte genauso gut sein können, dass meine Lehrenden aufgrund meiner sozialen Herkunft angenommen hätten, dass ich aus meinem damaligen Zuhause keinen Bildungssupport erhalten würde, womit ihr Engagement für mich wahrscheinlich zurückhaltender ausgefallen wäre. Denn obwohl Zugang zu formeller Bildung ein grundlegendes Menschenrecht und ein entscheidender Faktor gesellschaftlicher Teilhabe ist, ist der Anspruch auf Chancengleichheit im Bildungssystem weit davon entfernt, in die Realität umgesetzt zu werden.

Der Enthusiasmus dieser Bildungsreform scheint mittlerweile verflogen. Ich behaupte: Jede*r weiß um die skandalöse Bildungsungleichheit, die durch verschiedene Studien belegt ist. Dennoch werden diese Studienergebnisse dann wahlweise als ›Schock‹ bezeichnet oder die öffentliche Debatte verfällt in eine – meist performative – Suche nach den Verantwortlichen, ohne dass es zu nennenswerten Veränderungen im System kommen würde.

In diesem Buch werden nicht einzelne Verantwortliche gesucht, sondern der Fokus wird auf klassistische Strukturen, Selektionsmechanismen, Vorurteile, Zuschreibungen und Machtverhältnisse im formellen Bildungssystem gelegt. Ich werde mich der Frage nach Klassismus im Bildungssystem also zunächst aus einer strukturellen Perspektive annähern. Damit möchte ich zum einen aufzeigen, dass der meritokratische Grundgedanke, also die Annahme, dass wir in einer Leistungsgesellschaft leben, nicht aufgeht und die Möglichkeit, Zugang zu sogenannter ›höherer Bildung‹ zu bekommen – und auch dort zu bleiben – durch die soziale Herkunft (oder auch die vermutete soziale Herkunft) bestimmt wird. Zum anderen möchte ich mich einer Spurensuche entgegenstellen, die die Verantwortung für ein Bestehen oder Nicht-Bestehen im formellen Bildungssystem in den Lebensweisen von materiell armen Menschen sucht.

In dieser Debatte werden immer wieder Erklärungsversuche herangezogen, die in sich schon klassistisch sind. Es wird etwa von ›mangelnder Bildungsstimulation‹ in nicht-akademischen Haushalten gesprochen. Der Maßstab ist hier ein Bildungskanon, mit dem Freizeitaktivitäten von oben herab abgewertet werden, allen voran das Fernsehen. Gern auch die (zu geringe) Zahl der gelesenen Bücher. Auch wer nicht ausreichend (teure) Dinge als Familie unternimmt, um den eigenen Nachwuchs zu fördern, wird naserümpfend verurteilt. Dabei werden die Familien, auf die herabgeschaut wird, selten gefragt, was sie brauchen. In einer quantitativen Studie aus Nürnberg, die sich mit der Situation von Familien mit Nürnberg-Pass befasste, wird in den Äußerungen in den Freifeldern deutlich, dass materiell arme Eltern sich Unterstützung, kostenfreie Nachhilfe und Bildungsförderung für ihre Kinder wünschen, dass die knappen materiellen Mittel aber oft nicht einmal für die Lebensmittel bis zum Ende des Monats reichen. Oder für saisonale Kleidung, Urlaube, große oder kleine Wünsche. Die Eltern wünschen sich auch mehr Geld für Freizeitaktivitäten, Vereine und Mobilität (vgl. Wüstendörfer 2008).

Auf diese Weise beginnt eine klassistische Selektion im immer noch segregierten [geteilten] Bildungssystem schon früh, indem junge Menschen entsprechend der (angenommenen) Bildung der Eltern gefiltert werden und bei gleicher Leistung dieser äußeren Zuschreibungen entsprechend unterschiedlich bewertet werden. Mein Fokus liegt also auf Gatekeeping [Zugangskontrolle] und Machtausübung – auf ungerechten Strukturen in einem Nadelöhrsystem, das ›Ausnahmen von der Regel‹, sogenannte ›Bildungsaufsteiger*innen‹, als Beweis dafür instrumentalisiert, dass »jede*r es schaffen kann«. Dabei sollte die Frage sein, warum wir als Gesellschaft hinnehmen, dass es eine Vokabel wie ›Bildungsaufsteiger*innen‹ überhaupt gibt, wenn doch eigentlich alle den gleichen Zugang zu formeller Bildung haben sollten.

Sprache in diesem Buch, oder: Dies ist keine Anleitung!

Ich verwende in diesem Buch Begrifflichkeiten, die ich in über einer Dekade politischer Bildungsarbeit ›eingesammelt‹ habe. Ich erhebe hier keinen Anspruch auf Vollständigkeit und schon gar nicht auf eine (moralische) Endgültigkeit. Um aber deutlich zu machen, welche Begriffe ich wie verwende – und welche nicht –, möchte ich einige kurz erklären.

›Arbeiter*innen-‹ und ›Armutsklasse‹ verwende ich in Anlehnung an die *Working Class / Poverty Class Academics*, die sich 1993 in den USA zusammengeschlossen hatten, um sich über ihre Erfahrungen an Hochschulen auszutauschen. Die Gruppe war zunächst als ›Working Class Academics‹ gegründet worden, erweiterte diese Selbstbezeichnung jedoch um die ›Poverty Class‹ auf den Einwand hin, dass bei der ›Arbeiter*innenklasse‹ diejenigen nicht miteingeschlossen seien, die aus unterschiedlichen Gründen außerhalb von Erwerbsarbeitsverhältnissen stehen und von materieller Armut betroffen sind. In Anlehnung daran verwende ich den Begriff der ›Armutsklasse‹, wenn andere von ›Unterschicht‹ sprechen.

Ich spreche zudem von ›materieller Armut‹, wenn ich diese meine, und nicht einfach nur von ›Armut‹. Verschiedene Aktivist*innen, mit denen ich über die Jahre zu tun hatte, wandten immer wieder ein, dass ›Armut‹ oft gleichgesetzt wird mit einem Mangel an Kultur, an Wissen, an Solidarität. Dabei fehlt es allzu oft ›nur‹ am Geld.

Orte, die als ›sozialer Brennpunkt‹ oder ›Problemviertel‹ abgewertet werden, benenne ich als das, was sie sind: strukturell vernachlässigte Stadtteile oder Kieze. Niemand würde auf die Idee kommen, das Villenviertel einer Stadt, in dem sich materiell reiche Menschen auf viel Raum abschotten und nichts von ihrem Platz und ihren Ressourcen abgeben, als ›Problemkiez‹ zu labeln. Dabei ist das Horten von Reichtum ein riesiges gesellschaftliches Problem.

›Bildungsfern‹ fand ich schon immer eine fürchterliche Vokabel. Mir sind unterschiedliche Variationen begegnet, um dieser stigmatisierenden Bezeichnung etwas entgegenzusetzen. Eine davon ist ›universitätsfern‹, aber hier wird die Universität als das Nonplusultra der formellen Bildung gesetzt. ›Bildungsbürgertumsfern‹ mag ich weiterhin sehr gern, es ist aber eher ein zynischer Seitenhieb. Ich schreibe ›formell‹, wenn ich Abschlüsse meine, die mit Zertifikaten belegt sind. Ich habe hier insgesamt noch keine gute Lösung gefunden, versuche aber, die Zentrierung von formeller akademischer Bildung zu vermeiden. Es sind alles Suchbewegungen gegen ein Wort, das aus meiner Sicht eine Beleidigung und keine Tatsachenbeschreibung darstellt.

Ich schreibe in diesem Buch von einem ›mehrgliedrigen Schulsystem‹, weil von einer ›Dreiteilung‹ zu sprechen zum einen ignoriert, dass durch die Abschaffung der Hauptschulen in vielen Bundesländern die oft genutzte Einteilung Hauptschule–Realschule–Gymnasium nicht länger gegeben ist, zum anderen werden damit die unterschiedlichen Förderschulen außen vor gelassen. Die Auseinandersetzung um Klassismus ist nicht mehr so jung, dass es Auseinandersetzungen zu klassistischer Sprache nicht schon gegeben hätte, aber besonders in den letzten Jahren wird wieder verstärkt über Klassismussensibilisierung diskutiert. Deshalb sind meine Überlegungen eine Momentaufnahme und sie können gern überworfen werden. Die *Initiative für einen Gedenkort für das ehemalige KZ Uckermark* hat schon vor einigen Jahren einen Flyer zu klassistischer Sprache in linken Kontexten herausgebracht, in dem voraussetzungsvolle Sprache und auch vorausgesetztes akademisches Wissen kritisiert werden. Auch die *Prololesben*, die in den 1980er/1990er Jahren aktiv waren, kritisierten den Sprachduktus[1] in der Bewegung sowie die Art und Weise, wie vorgetragen wurde. Sie hoben hervor, dass sie nicht ernst genommen würden, wenn sie etwas sagten, und kritisierten, dass sich dadurch die ›Bürgerlichen‹ mit ihren Inhalten und ihrer Sprache durchsetzten.

Diskussionen um Sprache sind politisch wichtig, können aber auch performative und moralische Räume schaffen, in denen dann plötzlich Betroffenen gesagt wird, wie sie re-

---

1 Hier: Die dominante Art und Weise, wie innerhalb einer Szene gesprochen und auch geschrieben wird.

den sollen und was gesagt werden kann. Ich möchte meine Überlegungen zu Sprache daher als offene Überlegungen sehen, die zur Diskussion stehen. In einer der vielen Social-Media-Diskussionen der letzten Jahre wurde mir von anderen Armutsbetroffenen schon entgegengesetzt, bestimmte Sprachhandlungen bedeuteten einfach nur, »Scheiße gold anzumalen«. Das kann ich genauso gut stehen lassen wie meine Bemühungen, eine diskriminierungssensible Sprache zu finden. Meine Überlegungen sind hier also als Vorschläge, nicht als Anleitung zu verstehen. Bewegung ist vielschichtig und für mich ist es wichtig, verschiedene Perspektiven zu verstehen, anstatt meinen moralischen Kompass nach einem einzelnen Wort auszurichten – solange ich davon ausgehen kann, dass es sich nicht um Worte handelt, die schlichtweg indiskutabel sind und zu denen bereits eine lang geführte Debatte vorliegt.

Ein solcher Begriff, von dem ich mir wünschen würde, dass er aus dem Sprachgebrauch verschwindet und er so aufgearbeitet wird, dass Menschen wissen, was sie damit sagen, ist der Begriff ›asozial‹. Menschen, die im Nationalsozialismus als ›asozial‹ verfolgt wurden, wurden mit dem schwarzen Winkel gekennzeichnet. Willkürlich wurden Wohnungslose, Sexarbeiter*innen, Sinti*ze und Rom*nija, Erwerbslose, Menschen, denen eine sogenannte ›Promiskuitivität‹ nachgesagt wurde, und andere Personengruppen, die als ›Fremdkörper‹ gesehen wurden, stigmatisiert und inhaftiert (vgl. Stegemann 2013). Eine Anerkennung als im Nationalsozialismus verfolgte Gruppe wurde erst 2020 formell beschlossen. Die Verfolgungsgeschichte und die Kontinuität der Verfolgung dieser Personengruppen nach Kriegsende wird von der oben bereits erwähnten *Initiative für einen Gedenkort ehemaliges KZ Uckermark e.V.*[2] herausgestellt, die seit 1998 kontinuierlich an der Aufarbeitung dieser Geschichte arbeitet. In Anerkennung

---

2 Gedenkort Konzentrationslager Uckermark (gedenkort-kz-uckermark.de)

dieser Geschichte und im Respekt vor den von dieser Verfolgung Betroffenen sollte das Wort ›asozial‹ meines Erachtens jenseits eines historischen Sprachgebrauchs, also zur Auseinandersetzung mit der Geschichte des Begriffs im Kontext der Verfolgung im Nationalsozialismus, in unserer Sprache keinen Platz mehr haben. Daran, dass der Hass auf die als ›asozial‹ Verfolgten jedoch bis heute anhält, lässt sich meines Erachtens auch nachzeichnen, wie sehr unsere Gesellschaft von Klassismus durchsetzt ist.

Was ist Klassismus?

»Class is the elephant in the room«[3], so die US-amerikanische Theoretikerin bell hooks. Klasse sei das Thema, bei dem alle unruhig werden und das sich unkomfortabel anfühlt, schreibt sie weiter (vgl. hooks 2000: vii). Wenn es um Geld-Haben oder Nicht-Haben geht, wird schnell mit dem Finger auf materiell arme Menschen gezeigt. »Selbst schuld!«, »Jede*r kann es schaffen!«, lautet der gesellschaftliche Kanon. Der Mythos einer ›Leistungsgesellschaft‹ hält sich hartnäckig, dabei belegen zahlreiche Studien, dass die soziale Position in der Familie weitergegeben wird und der vielfach beschworene ›Bildungsaufstieg‹ für die meisten Menschen aus Arbeiter*innen- und Armutskontexten nur unter großen Mühen zu erreichen ist (vgl. El-Mafaalani 2015).

»Klassismus beschreibt die Diskriminierung aufgrund von Klassenherkunft oder Klassenzugehörigkeit«, bringt Francis Seeck es auf den Punkt (Seeck 2020: 17). Es geht also nicht nur darum, wie ein Mensch aufgewachsen ist, sondern auch um die aktuelle Klassenposition. Einschneidende Lebensveränderungen wie Trennung, Job- oder Wohnungsverlust, Krankheit und eventuelle Krankheitsfolgen können jede*n jederzeit treffen und zu langfristigen finanziellen Einschnitten führen. Oft

3 »Klasse ist der Elefant im Raum.«

sind Menschen dann auf staatliche Unterstützung angewiesen. Diese Lebensumstände sind kein individuelles Pech.

Materiell arm zu sein bedeutet »das – systematische – abgeschnitten sein oder werden von Ressourcen. Im Falle von ›Klassismus‹ Ressourcen wie Bildung, Geld, Anerkennung und gesellschaftliche Teilhabe« (Abou 2017: 1). Es geht also nicht nur um Geld, sondern auch um Ressourcen, die eine aktive Beteiligung ermöglichen – und die Klassismusbetroffene oft erst erkämpfen, einfordern oder sich kreativ beschaffen müssen.

Dass Klassismus stereotype Unterstellungen bedeutet, formulieren Betina Aumair und Brigitte Theißl besonders treffend: »Klassismus [...] beschreibt ein System der Zuschreibung von Werten und Fähigkeiten, die aus dem ökonomischen Status abgeleitet oder besser: erfunden und konstruiert werden« (Aumair/Theißl 2020: 21). Ich mag diese Präzisierung, weil sie verdeutlicht, dass klassistische Abwertung nichts mit den biografischen Realitäten von Menschen zu tun hat, sondern dass umgekehrt angenommene biografische Eckpunkte auf Menschen projiziert werden – aufgrund der aktuellen Lebenslage, dem Wohnort, der Sprache, dem Auftreten oder anderen Kriterien, nach denen eine Klassenzugehörigkeit zusammengefiltert wird. Diese herabsetzende Zuschreibung von Werten und Fähigkeiten wirkt sich im Bildungssystem dramatisch aus. Noten und Empfehlungen für weiterführende Schulen werden auch aufgrund der angenommenen möglichen Unterstützung im Zuhause junger Menschen vergeben und nicht nur nach Leistung.

Hier sei angemerkt, dass unterschiedliche Auffassungen von Diskriminierung existieren, sodass sich Menschen verschiedener Gruppen aufgrund unterschiedlicher Zuschreibungen als diskriminiert betrachten können. In diesem Kontext meint ›Diskriminierung‹ ›strukturelle Diskriminierung‹. Das Adjektiv ›strukturell‹ verweist, gemäß Leah Carola

Czollek et al., auf die »Verwobenheit individueller, institutioneller und kultureller Dimensionen von Diskriminierung« (Czollek et al. 2019: 16). Dies bedeutet, dass Menschen nicht nur im alltäglichen Umgang miteinander individuelle Vorurteile ausdrücken und sich gegenseitig herabsetzen, sondern auch auf institutioneller Ebene (wie etwa durch die seltenere Gymnasialempfehlung für Kinder aus der Arbeiter*innen- und Armutsklasse) und auf kultureller Ebene abgewertet werden.

Auf der kulturellen Ebene, also in Bezug auf »diskursive und epistemische[4] Aspekte, d. h. Wissen, Normen, Werte und Sprach-/Bilder, die in öffentlichen Diskursen sowie in Musik, Literatur, bildender Kunst [...] vermittelt werden« (Czollek et al. 2019: 16), zeigt sich gegenüber Menschen, die von Klassismus betroffen sind, eine regelrecht hetzerische Feindseligkeit. Empfänger*innen von Transferleistungen werden regelmäßig auf vielfältige Weise abgewertet, was an dieser Stelle weder zitiert noch umschrieben werden soll. Die Bilder und Klischees über Menschen in Armut, die zum Beispiel in Fernsehformaten und der Sensationspresse einem breiten Publikum präsentiert werden, veranschaulichen, welche Hassreden im Zusammenhang mit materieller Armut verbreitet werden (vgl. Steinwachs 2015, Baron/Steinwachs 2012).

Die Auseinandersetzung mit Klassismus, die unter anderem diesen Hass benennbar macht, ist im deutschsprachigen Raum nicht neu – bereits in den 1980er Jahren benannte Anja Meulenbelt die »Scheidelinien« Sexismus, Rassismus und Klassismus (vgl. Meulenbelt 1988). Dieser Impuls, Klassenverhältnisse auf einer erweiterten Ebene, über den Verkauf der Arbeitskraft hinaus, zu betrachten, wurde aber nur punktuell aufgegriffen und fand bis vor ein paar Jahren kaum Beachtung. »Klasse ist viel mehr als die Beziehung zu den Produktionsmitteln nach der marxistischen Definition. Die

4 epistemische: erkenntnistheoretische; diskursive: in breit geführten Diskussionen und Gesprächen entwickelte.

Klasse bestimmt dein Verhalten und deine grundsätzlichen Lebensauffassungen […] [–] wie du Probleme erlebst und sie verarbeitest, wie du denkst, fühlst und handelst«, schreibt Rita Mae Brown, Teil des *Furies Collective,* 1974 in ihrem Aufsatz »The last straw« (»Der letzte Strohhalm«). Damit stellt sie klar, dass neben der Art und Weise, wie Menschen im Kapitalismus ihr Geld verdienen (müssen), noch weitere Ressourcen in den Blick genommen werden müssen.

Im Kontext der Klassismuskritik werden nicht nur Ressourcen wie Einkommen und Vermögen, also das ökonomische Kapital, betrachtet, sondern (nach Bourdieu 1992: 49 ff.) auch das symbolische, kulturelle und soziale Kapital. Das ökonomische Kapital bezeichnet hier materielle Dinge und zur Verfügung stehende finanzielle Mittel. Das soziale Kapital meint, was umgangssprachlich als ›Vitamin B‹ bezeichnet wird, also die Beziehungen, die ich einsetzen kann, um gesellschaftlich anerkannte Positionen zu erlangen oder an Möglichkeiten zu kommen, die sich gut im Lebenslauf machen. Netzwerke also, die Möglichkeiten schaffen, – den guten Job, das bezahlte Praktikum, die Einstiegsmöglichkeit in den Betrieb mit dem großen Namen – jemanden zu kennen, der einem Türen aufschließen kann. Das kulturelle Kapital umfasst neben Fähigkeiten, wie zum Beispiel das Spielen eines Musikinstruments, auch Geschmack und Kunstkenntnis, das Besitzen von Vorzeigeobjekten wie Bildern und Bücherwänden und auch die Bildung. Das symbolische Kapital meint dann zum Beispiel formelle Bildungstitel, die einem Ansehen und Vertrauenswürdigkeit geben. Soziales, kulturelles und symbolisches Kapital lassen sich, so Bourdieu, einsetzen, um ökonomisches Kapital zu generieren und anzusammeln.

Die von Bourdieu eingeführten Kapitalsorten sind hilfreich, um Wirkweisen von Klassismus zu verstehen und zu begreifen, wie der Zugang zu diesen Ressourcen in unserem Bildungssystem strukturell abgeschnitten und verweigert wird.

Klassismus ist eng mit anderen Formen von Diskriminierung verflochten, und durch diese Verflechtungen werden Ungleichheitsverhältnisse verstärkt bzw. entstehen spezifische Benachteiligungspositionen. Je nach theoretischer Ausrichtung wird diese Verschränkung als »Mehrfachdiskriminierung« oder »Intersektionalität« bezeichnet. Dabei ist wichtig zu betonen, dass es nicht darum geht, Diskriminierungen hierarchisch gegeneinander zu positionieren oder einfach zu »addieren«, sondern vielmehr darum, spezifische Verflechtungen aufzuzeigen. Mit Blick auf das mehrgliedrige Schulsystem ist festzuhalten, dass Klassismus, Rassismus und Ableismus stark miteinander verknüpft sind. Wenn intersektionale Studien, wie die Hradil-Studie, auf die ich im Folgenden noch genauer eingehen werde, zu dem Schluss kommen, dass die soziale Herkunft ausschlaggebender Faktor für Gymnasialempfehlungen ist, muss hier sehr genau geschaut werden, dass rassistische Ausschlüsse nicht untergeordnet oder unsichtbar gemacht werden.

Mit Blick auf Ableismus schreiben Tobias Buchner und Christian Krendl, dass das »Erlernen von schulischen Fähigkeiten« (Buchner/Krendl 2023: 118) hier meist vernachlässigt wird:

> »Schüler*innen mit Lernschwierigkeiten traute man lange Zeit nicht zu, dass sie auch rechnen und schreiben lernen.
> Deshalb förderte man eher so genannte ›praktische‹ Fähigkeiten.
> Zum Beispiel einfache handwerkliche Fähigkeiten.
> Nach der Sonderschule kamen Schüler*innen mit Lernschwierigkeiten oft direkt in die Werkstatt für Menschen mit Behinderung.
> Weil geglaubt wurde, dass sie dort am besten aufgehoben sind.
> Und weil sie in Sonderschulen nicht die nötigen Fähigkeiten für eine Arbeit am ersten Arbeitsmarkt erlernen konnten.
> Wegen Ableismus wurden Kinder in Sonderschulen also stark benachteiligt.
> Das ist auch heute oft noch so.« (ebd.)

Unsichtbarmachungen, Entnennungen und fehlende intersektionale Perspektiven sind laut Stefan Wellgraf ein strukturelles Problem: »Die implizite Leitvorstellung einer gelingenden Schule folgt immer noch dem realitätsfernen Ideal einer möglichst homogenen, möglichst herkunftsdeutschen und bildungsbürgerlichen Schule« (Wellgraf 2021: 15). Dies wird der Lebenswelt der Schüler*innen in keinster Weise gerecht. In diesem Buch wird der Fokus auf Klassismus gelegt. Dies soll jedoch nicht ausblenden, dass klassismusbetroffene Personen oft Mehrfachdiskriminierungen ausgesetzt sind.

Wie wirkt sich Klassismus konkret auf die Betroffenen aus?

Verschiedene Studien und Monografien belegen immer wieder, dass Menschen aus der Arbeiter*innen- und Armutsklasse im Bildungsbereich strukturelle Ausgrenzung erleben (vgl. Schulze et al. 2008, Middendorf et al. 2016, El-Mafaalani 2020). Die Wahrscheinlichkeit, dass ein junger Mensch, dessen Eltern keinen akademischen Abschluss haben, eine Gymnasialempfehlung erhält, ist im Vergleich zu einem jungen Menschen aus einem akademisch geprägten Umfeld geringer (vgl. Hradil 2008). Erstere werden damit von einer freien Bildungsentscheidung ausgeschlossen, während letztere die Freiheit haben, über ihren weiteren Bildungsweg zu entscheiden.

Die Hradil-Studie, durchgeführt an Grundschulen in Wiesbaden und publiziert im Jahr 2008, dokumentiert ungleiche Bildungschancen: die soziale Herkunft beeinflusst den Übergang von der Primar- zur Sekundarstufe I. Die Untersuchung, initiiert vom Institut für Soziologie und soziale Ungleichheit der Johannes Gutenberg-Universität Mainz in Zusammenarbeit mit dem Amt für Soziale Arbeit der Stadt Wiesbaden, befragte 2032 Kinder, deren Eltern sowie Lehrkräfte aus 103 vierten Klassen aller 35 staatlichen Grundschulen in Wiesbaden. Die Ergebnisse der Studie zeigen einen deutlichen Zusammenhang zwischen der sozialen Position der Familien und dem Bildungserfolg der Kinder. Insbesondere Kinder aus privilegierten sozialen Klassen profitieren von formell höheren Bildungsabschlüssen ihrer Eltern und erreichen eine bis zu 90%ige Übereinstimmung zwischen Wunsch und Wirklichkeit bezüglich der weiterführenden Schule, während dies bei weniger privilegierten sozialen Klassen nur bis zu 70% der Fall ist. Insgesamt legt die Hradil-Studie dar, dass der Bildungserfolg und die Übergangsempfehlungen stark von der sozialen Herkunft beeinflusst werden. Mit Blick auf rassistische Zuschreibungen stellen die Verfasser*innen der Studie fest, dass »Kinder ohne Migrationshintergrund zu 66% eine Gymnasialempfehlung erhalten und Kinder mit Migrationshintergrund nur zu 50%« (Hradil 2008). In weiteren Ausführungen betonen sie aber, dass die soziale Herkunft der entscheidende Faktor ist. Sie führen dabei in ihrer Schlussfolgerung aus, dass rassismusbetroffene Personen gesamtgesellschaftlich zu einem großen Teil auch klassimusbetroffen sind.[5]

Ein weiterer bemerkenswerter Punkt in der Studie ist, dass selbst bei gleicher Leistung die Weiterempfehlung von der Klassenherkunft abhängt: Klassismusbetroffene Schüler*innen erhalten bei einer Durchschnittsnote von 2,0 »mit einer Wahrscheinlichkeit von 76% eine Gymnasialempfehlung, während in der höchsten Bildungs- und Einkommensgruppe nahezu alle Kinder, nämlich 97%, eine Empfehlung für das Gymnasium erhalten« (ebd.).

Auch Kai Maaz, Franz Baeriswyl und Ullrich Trautwein kommen in der Studie *Herkunft zensiert!* zu dem Schluss, »dass Leistungsbewertung in Form von Schulnoten nicht ausschließlich leistungsrelevanten Kriterien folgt« (Maaz et al. 2013: 303). Sie halten fest, dass klassismusbetroffene

5 Ich übersetze diskriminierende und umschreibende Begriffe in den Studien hier mit den Begriffen, die die Machtverhältnisse benennen.

Kinder »bei gleichen Leistungen in einem standardisierten Leistungstest schlechtere Noten« als klassenprivilegierte Kinder erhielten (ebd.).

Ludger Wößmann et al. schließen sich dieser Feststellung an: »Insbesondere der Bildungsstand der Eltern hängt besonders stark mit dem Gymnasialbesuch der Kinder zusammen« (Wößmann et al. 2023: 35). Sie halten darüber hinaus fest, dass »Chancenungleichheit im Bildungssystem in Deutschland allgegenwärtig ist« (ebd.: 38) und das »Auseinanderklaffen der Bildungschancen« (ebd.) schon im frühkindlichen Bereich zu beobachten ist. Dabei geht es nicht nur um die strukturellen Bedingungen, sondern auch um Abwertungs- und Ausschlusserfahrungen, die junge Menschen schon in der Kita machen. »Kinder merken schon früh, wenn ihre Familie einkommensarm ist und sie deswegen als weniger wert gelten«, betont Francis Seeck (2022: 23). Dieses Bewusstsein manifestiert sich nicht erst im Morgenkreis nach den Ferien, wenn die Urlaubserlebnisse besprochen oder Markenartikel verglichen werden. Es begleitet die jungen Menschen im Alltag sowohl innerhalb als auch außerhalb der Kita. Gabriele Koné betont, dass auch Erzieher*innen in KiTas ihre eigenen Vorurteile und Annahmen in Bezug auf materiell arme Familien reflektieren müssen, wenn sie nicht in einen moralisch-paternalistischen Kanon einsteigen wollen, der diesen Familien zuschreibt, ›selbst schuld‹ zu sein (vgl. Koné 2019: 17ff.). Lars Schmitt zeichnet mit Blick auf die Einschulung hier ein besonders eindrückliches Bild. Er schreibt, dass zum Zeitpunkt der Einschulung das Kind schon »in den [sprichwörtlichen] Brunnen gefallen« (Schmitt 2010: 24) sei, bzw. fielen Kinder unterschiedlicher sozialer Herkünfte unterschiedlich tief. Die Schule würde nun aber nur gleich lange Seile in diese unterschiedlichen Brunnen hängen. Diese Seile seien für diejenigen, die nicht so tief gefallen sind, leicht zu erreichen, während sie für diejenigen, die tiefer im Brunnen stecken, nur unter Mühe oder gar nicht zu erreichen sind. Denjenigen, die schnell und ohne Mühe aus dem Brunnen herauskommen, wird nun attestiert, dass sie gut klettern können – während den anderen gesagt wird, dass sie eben weniger begabt seien oder sich nicht genug angestrengt hätten (vgl. ebd.: 24ff.). Ich finde diese Beschreibung sehr nachvollziehbar und denke, dass sich daran aufzeigen lässt, wie schnell junge Menschen im Bildungssystem abgestempelt werden. Sie wirft auch die Frage danach auf, welche Seillänge – um das Bild aufzugreifen – in dieser Situation gerecht wäre, oder ob es nicht erstrebenswert wäre, in einer Gesellschaft zu leben, in der junge Menschen gar nicht erst fallen und sich in der Form unter Beweis stellen müssen.

In wissenschaftlichen Untersuchungen über die Praxis bis hin zu Erlebnisberichten gibt es einen breiten Kanon darüber, dass der Übergang von der Grundschule in die weiterführenden Schulen zum einen zu früh und zum anderen im Rahmen eines reformbedürftigen, ungerechten Selektionssystems – Stefan Wellgraf nennt es einen ›Ausgrenzungsapparat‹ (vgl. Wellgraf 2021) – stattfindet. In diesem auf Statuserhalt und nicht auf Bildungsgerechtigkeit ausgerichteten System werden Bildungsübergänge mit massiven Hindernissen versehen.

Wer die strukturellen Hürden im Bildungssystem in Richtung formeller akademischer Bildung überwindet – oder es zumindest versucht –, wird oft als ›Bildungsaufsteiger*in‹ bezeichnet. Während dieser ›Aufstieg‹ anfänglich Anerkennung bringt, erfordert er gleichzeitig eine Anpassung, die zu einer Entfremdung von der Herkunftsumgebung führen kann. Auch das ist eine Dimension von Klassismus im Bildungssystem. Dank der *Working Class / Poverty Class Academics* lernte ich den Begriff ›straddler‹ kennen. ›To straddle‹ heißt übersetzt ›grätschen‹ und beschreibt in diesem Kontext die Grätsche, die diesen sogenannten ›Bildungsaufsteiger*innen‹, die mit einem Fuß im Herkunftskontext und mit dem anderen in akademischen Bildungsinstitutionen stehen, abverlangt wird. Dieses angestrengte Bild erscheint mir passender als das im Deutschen manchmal verwendete ›zwischen den Stühlen sitzen‹, denn: Sitzen klingt viel zu bequem für die geforderte Anpassungsleistung.

Viele Neu-Studierende schweigen über die eigene soziale Herkunft. Sie haben auf ihrem bisherigen Bildungsweg von Erzieher*innen in der KiTa gehört, dass ihre Familien an ihrer materiellen Armut ›selbst schuld‹ seien, sie wurden beschämt, wenn die Eltern sich etwas für sich geleistet haben, und mussten sich Anmaßungen darüber gefallen lassen, wie wichtig der Herkunftsfamilie denn das Wohl der eigenen Kinder gewesen sei (vgl. Koné 2019: 18ff.). In der Schule wurden sie wahlweise als faul oder unbegabt dargestellt und es wurde betont, dass ihre Eltern nicht in der Lage seien, sie auf einem ›höheren‹ Bildungsweg zu unterstützen, wenn sie nicht schon vom Jobcenter als Teile von ›Bedarfsgemeinschaften‹ aufgefordert wurden, eine Ausbildung zu machen und Geld zu verdienen, statt ein Abitur anzustreben – oder sie wurden als ›Ausnahmekinder‹ auf einen Sockel über die Herkunftsfamilie gestellt. Diese Abwertungen und Zuschreibungen setzen sich bis in die Hochschulen fort.

Martina Witte beschreibt aus eigener Erfahrung den abfälligen Ton, den Studierende aus akademischen Familien gegenüber Arbeiter*innen- und Armutsfamilien verwenden, indem sie etwa über die ›dumme Masse‹, ›die Prolls‹, ›die blöde Verkäuferin‹ oder ›doofe Handwerker‹ sprechen (Abou et al. 2020: 35). In universitären Räumen wähnen sich Studierende aus akademischen Familien oft unter sich und fantasieren offen darüber, wie ›die‹ Menschen in ›sozialen Brennpunkten‹ leben. Dabei lassen sie zum einen außer Acht, dass ›die‹ auch gerade neben ihnen sitzen könnten, und setzen sich zum anderen als die Norm. Diese habituelle Gewöhnung an Macht, das undifferenzierte Sprechen über ganze Gruppen von Menschen, nehmen sie sich heraus, ohne dass ihnen gruppenbezogene Menschenfeindlichkeit vorgeworfen wird. Ohne auch nur eine einzige Person von ›denen‹ zu kennen, halten sie sich bei diesen Ausführungen für reflektiert und ›aufgeklärt‹ und beanspruchen die moralisch höhere Position, in einer Gesellschaft, die ihnen immer mehr Wert zusprechen wird. Sie reflektieren ihren Klassismus nicht und landen in Schlüsselfunktionen. Sie werden Lehrer*innen, Sozialarbeiter*innen, Lehrende an Universitäten. Sie werden zu Gatekeeper*innen oder Türöffner*innen.

Eine ehemalige Mitstudierende der Sozialen Arbeit erzählte mir bei einem zufälligen Treffen einmal, dass sie jetzt mit Familien in einem ›sozialen Brennpunkt‹ arbeiten würde und wie entsetzt sie über die beengten Lebensumstände dort sei. Ihr Entsetzen richtete sich nicht gegen die strukturelle Vernachlässigung des Bezirks, in dem sie arbeitete, sondern drückte sich in Schuldzuweisungen gegen die Eltern und paternalistischen [bevormundenden] Äußerungen in Bezug auf die Kinder aus, die ich an dieser Stelle nicht wiederholen werde. Ich fragte sie, warum sie überhaupt dort arbeiten würde, wenn sie diese Menschen so sehr verachtet. Der Streit, der darauf folgte, war kurz und heftig und das Gespräch sehr schnell beendet. Diese Konfrontation ist aus zwei Gründen besonders entlarvend. Als ehemalige Mitstudierende sah sie in mir offenbar eine Gleichgesinnte, bei der sie ihre Vorurteile abladen konnte. Zum anderen sah sie sich in der Position der guten Richtenden, die eine objektive Perspektive auf die Familien hat, ohne ihren eigenen Paternalismus und ihre internalisierte Verachtung von materiell armen Menschen zu bemerken.

Es ist wichtig festzuhalten, dass materiell benachteiligte Menschen und Familien keineswegs grundsätzlich über keine akademische Bildung verfügen. Die ›Aufstiegserzählungen‹, in denen Einzelnen höhere Bildungsabschlüsse gelingen, gehen jedoch oft mit einer Abwertung der Herkunftsfamilien einher, wobei komplexe und differenzierte Erzählungen kaum Beachtung finden. Solche Erzählungen individueller sozialer Mobilität müssen aus einer klassismuskritischen Perspektive allerdings im Kontext der strukturellen Bedingungen betrachtet werden, damit sie nicht von einer »weitgehend stabilen sozialen Immobilität« ablenken (Möller et al. 2020: 41). Denn das formelle Bildungssystem ist nicht durchlässig.

Darüber hinaus wirft der starke Fokus auf ›Bildungsaufsteiger*innen‹ in der Bildungsforschung die Frage auf, aus welcher Perspektive geforscht wird. König identifiziert eine Arbeitsteilung zwischen Hochschul- und Ausbildungsforschung (vgl. König 2020: 2). Während habitusspezifischen Forschungsfragen[6] im Hochschulbereich eher Beachtung geschenkt wird, wird in der Ausbildungsforschung beispielsweise die Frage nach einer »habituellen Nicht-Passung von Kindern aus Akademikerfamilien« nicht untersucht. Hier liegt der Fokus eher auf problematischen und prekären Verläufen (ebd.: 3). Die Bildungsforschung muss sich also kritisch damit auseinandersetzen, welche Vorurteile, Annahmen und Interessen in ihre Fragestellungen einfließen und wer diese Fragen stellt.

Mit Blick auf die oben aufgeworfene Problematik wundert es nicht, dass es beispielweise kaum Studien und Zahlen dazu gibt, wie viele junge Menschen aus Akademiker*innenfamilien eine berufliche Ausbildung aufnehmen. Es scheint von wenig Interesse zu sein, wie die Bildungsverläufe von Akademiker*innenkindern sind, die sich für eine nicht-akademische Laufbahn entscheiden – es wird auch nicht analog zum ›Bildungsaufstieg‹ von einem ›Bildungsabstieg‹ gesprochen (wofür ich ausdrücklich auch nicht plädiere). Beim Blick in verschiedene Studien zur Bildungsungleichheit muss daher

---

6 Hier: auf Verhaltens-/Ausdrucks- und Sprechweisen gerichtete Forschungsfragen.

auch immer die Frage gestellt werden, wer diese Studien durchgeführt hat, aus welcher Perspektive sich die Fragestellungen ergeben und wie voreingenommen die Forschenden gegenüber Menschen aus der Arbeiter*innen- und Armutsklasse sind.

Eine kritische Betrachtung des Bildungssystems

Internationale Vergleiche verdeutlichen, dass das mehrgliedrige Schulsystem in Deutschland in Bezug auf soziale Gerechtigkeit kritikwürdig ist. Die PISA-Studien der Organisation für wirtschaftliche Zusammenarbeit und Entwicklung (OECD) haben dies wiederholt aufgezeigt. Insbesondere der frühe Übergang nach einer kurzen Grundschulzeit und die damit verbundene Selektion der Schüler*innen in verschiedene Schulformen stehen dabei im Fokus. Dass junge Menschen schon mit zehn Jahren, also nach vier Grundschuljahren, auf die weiterführenden Schulen aufgeteilt werden, ist in Europa einmalig; eine sechs Jahre umfassende Grundschul- (oder Primar-)Bildung ist hier die Regel. Nur in Österreich wird an einem ähnlichen Modell festgehalten (vgl. Oelkers 2019). Das gern vorgebrachte Argument, dass ein Schulsystem, das auf Verringerung von Bildungsungleichheit angelegt ist, zu »Lasten der leistungsstarken Schüler:innen« (Edelstein 2023) gehen würde, kann mit Blick auf die Ergebnisse der PISA-Studie 2022 widerlegt werden (vgl. ebd.). Obwohl diese Ergebnisse bekannt und viel diskutiert sind, gibt es massiven Widerstand gegen die Umsetzung der verlängerten Grundschulphase im Regelschulsystem. Auch ein Blick in die Geschichte der Undurchlässigkeit von Hochschulen lässt wenig Hoffnung darauf aufkommen, dass eine Verbesserung der Chancengleichheit, trotz besseren Wissens, auf der politischen Agenda nach oben rückt.

Exkludierende Kreisläufe

> »Wer seine Kinder zwar auf eine höhere Schule schicken darf, aber durch den Kenntnis- und Wunschhorizont seiner sozialen Lage – als Katholik etwa oder als Arbeiter, als Dorfbewohner – gar nicht auf den Gedanken kommt, dies auch zu tun, ist ein sehr

> abstrakter Staatsbürger, ein Staatsbürger der Theorie aber nicht der Realität.« (Ralf Dahrendorf 1965)

In diesem 1969 in der 6. Erhebung des Deutschen Studentenwerks auftauchenden Zitat wird ein Fazit formuliert, das sich bereits in den vorangegangenen Erhebungen angedeutet hatte: Trotz einer postulierten Gleichheit werden Bildungsgewohnheiten eher im Familien- und Herkunftskontext vererbt, als dass unabhängige Entscheidungen in der Berufs- und Ausbildungswahl getroffen würden. Ich habe eingangs die hierarchische Setzung der Universität als oberstes Ziel einer vertikalen Skala für Bildung kritisiert, dennoch liefert die Sozialerhebung des Studentenwerks anhand der Zusammensetzung der Studierendenschaft seit 1951 wichtige Impulse und Hinweise. Sie ist eine der am längsten laufenden Studien, die Bildungszugänge nach sozialer Herkunft aufzeichnet und zudem Aufschluss darüber gibt, welche holzschnittartigen Annahmen über Menschen unterschiedlicher Klassenherkunft in der jeweiligen Zeit gesellschaftlich vorherrschend waren. Daher folgen hier ein paar wichtige Momentaufnahmen.

Während in der 1. und 2. Sozialerhebung 1951 und 1953 erklärt wurde, dass unter anderem infolge des noch nicht lange zurückliegenden Krieges die Bildung des Vaters nicht unbedingt ausschlaggebend für die Aufnahme eines Studiums sei, wurde in der dritten schon von einer Vererbung des Berufsstandes gesprochen. Hier wurde angenommen, dass der physische Besitz von Ressourcen die (Aus-)Bildungsentscheidung beeinflussen würde, indem zum Beispiel Landwirte ihren Hof erhalten wollten und daher auch die Kinder Landwirte würden (vgl. Kath 1957). Ab der 4. Sozialerhebung 1959 wird als Erklärung für die weitverbreitete Entscheidung akademisch aufgewachsener Studierender, in die Fußstapfen des Vaters zu treten, vermutet, »daß ein Akademiker bestrebt sein wird, seinen Kindern ebenfalls eine längere Schulbildung zu geben und sie gegebenenfalls auch studieren zu lassen« (Kath 1960: 30).

Besonders spannend ist, dass hier die Prognose aufgestellt wird, dass die Zahl von Studierenden aus akademischen Haushalten in den nächsten dreißig Jahren stetig zunehmen werde (vgl. ebd.). Das heißt, dass die darauffolgende und sich bis heute fortsetzende Entwicklung bereits 1959 vorausgesehen wurde.

Auch die Einführung des BAföG im Jahr 1971, das zu Beginn als hundertprozentiger, d.h. vollständig nicht zurückzuzahlender Zuschuss gezahlt wurde, führte zunächst nicht dazu, dass mehr Studierende aus der Arbeiter*innenklasse an den Hochschulen vertreten waren. In der auf die Einführung folgenden 7. Sozialerhebung im Jahr 1973 wurde festgehalten, dass trotz steigender Studierendenzahlen »Arbeiterkinder erheblich unterrepräsentiert sind« (Kath 1974: 28).

Wer hier beim Lesen eine gewisse feministische Unruhe wegen des generischen Maskulinums[7] und der Zentrierung des Berufs des Vaters verspürt: Das ist der Tatsache geschuldet, dass erst ab der 10. Sozialerhebung 1982 der Beruf der Mutter miterhoben wurde. Davor wurde von einem patriarchalen ›Familienernährermodell‹ ausgegangen. Es wurde zwar erhoben, ob Ehefrauen berufstätig waren, aber nicht, in welchen Berufen. Zudem sei noch angemerkt, dass Ehefrauen erst ab 1977 ohne Erlaubnis ihres Mannes erwerbstätig sein durften.

Um die soziale Herkunft der Studierenden darzustellen, wird ab der 6. Sozialerhebung mit einem Schichtmodell gearbeitet, das ab der 7. Erhebung in eine Skala nach Janowitz von »Untere Unterschicht« bis »Obere Mittelschicht« eingeteilt wird, wobei »selbstständige Landwirte«, mit und ohne Hochschulabschluss, eine eigene Gruppe darstellen (vgl. Kath 1974). In den Folgejahren erfolgt die Ausdifferenzierung der Stellung der Eltern im Beruf in die Kategorien »niedrig«, »mittel«, »gehoben« und »hoch«, womit »indirekt auch die Aspekte Entscheidungsautonomie, Prestige und Einkom-

7 Ausschließlich die männliche Form benutzende Sprache.

men« mitgemeint sind (vgl. Bundesminister für Bildung und Wissenschaft 1989: 112).

In den Jahren danach wird die Bildungsungleichheit mit Blick auf den ausschlaggebendsten Faktor, der akademischen oder nicht-akademischen Bildung der Herkunftsfamilie, mittels einer Grafik in Form eines Trichters, dem sogenannten ›Bildungstrichter‹, bildlich dargestellt. Die erstellten ›Trichter‹ unterscheiden sich in den Details, manchmal wird aufgezeigt, wie viele Menschen aus nicht-akademischen Familien ein Studium aufnehmen, manchmal wird ihr Bildungsweg bis zur Promotion verfolgt. Deutlich wird in jedem Fall: Von 100 Personen aus nicht-akademischen Haushalten beginnen viel weniger ein Studium als von 100 Personen aus akademischen Familien. Wer sich die Zahlen ab Mitte der 1980er Jahre anschaut, wird feststellen, dass sich in der Verteilung bis heute kaum etwas geändert hat. Es gibt kleinere Verschiebungen, die sich mit Sensibilisierungskampagnen wie der Bildungsreform der 1960er und 1970er Jahre erklären lassen, die Unterschiede bleiben aber stets deutlich.

Studien wie die Sozialerhebungen haben immer Lücken – so lassen sich komplexe Lebenserfahrungen und Ausbildungssituationen nur bedingt darstellen. Als auch ich den Fragebogen vor ein paar Jahren im Briefkasten hatte, freute ich mich zunächst, etwas zur Datenlage beitragen zu können. Da ich als Careleaverin [Person, die in stationärer Jugendhilfe untergebracht war] jedoch mehr erwachsene Einflusspersonen als meinen Herkunftskontext hätte angeben wollen, um zu benennen, wer für meinen Bildungsweg prägend war, also meine Erzieher*innen und Sozialarbeiter*innen, meine Lehrer*innen und das ganze System, kam ich mit dem (hetero-)familiennormativen Fragebogen nicht sehr weit und warf ihn schlussendlich ins Altpapier.

Dennoch denke ich, dass die Sozialerhebung einen Querschnitt aufzeigt, der über die Jahre verdeutlicht, dass sich Bildungswünsche und -vorstellungen innerhalb der Herkunftsfamilien und Herkunftskontexte vererben. Dass die Tendenzen zur Bildungsvererbung schon in den 1950er Jahren vorausgesehen wurden, sich aber trotz der darauf folgenden Bildungsreform keine nennenswerten Veränderungen ergeben haben, ist als dramatisch einzustufen. Während die Bildungsvererbung anhält, wird inzwischen dennoch von einer ›Bildungsexpansion‹ gesprochen, womit behauptet wird, dass der Zugang zu akademischer Bildung einfacher geworden sei und dementsprechend insgesamt mehr Personen einen akademischen Bildungsabschluss erzielen. El-Mafaalani spricht hier jedoch von einem ›Fahrstuhleffekt‹, bei dem ausgehend von unterschiedlichen Positionen alle eine Etage höher fahren, der Abstand zwischen den Positionen aber gleich bleibt (El-Mafaalani 2014: 12).

Vor diesem Hintergrund ist es verwunderlich, dass die PISA-Studie zu Bildungsungleichheit im Jahr 2000 als ›Schock‹ bezeichnet wurde. Die Feststellung, dass soziale Ungleichheit in Deutschland massive Auswirkungen auf Bildungsabschlüsse hat – Deutschland belegte mit Platz 31 den letzten Platz –, hätte mit Blick auf die Sozialerhebungen eigentlich niemanden mehr überraschen dürfen. Es folgten viel Gerede und Betroffenheit, aber es gab wenig bis keine nachhaltigen Verbesserungen. Die damalige Bundesministerin für Bildung und Forschung Edelgard Bulman erklärte zwar beim Abschlusskongress des ›Forum Bildung‹, man müsse »alle diejenigen, die beim Zugang zu Bildung und Ausbildung benachteiligt sind, besonders unterstützen« (Bulmann 2002: 51), dennoch schnitt Deutschland 20 Jahre später nicht erkennbar besser ab als zuvor und landete auf Platz 33 von 36.

Statt auf eine Bildungsexpansion zu fokussieren, müsste die Bildungsvererbung in den Blick genommen werden. Akademiker*innen werden zu Akademiker*innen – und sind dann auch die, die an den Gymnasien und Hochschulen die nachfolgenden Generationen unterrichten. Es bleibt ein Kreislauf, der sowohl exklusiv als auch schwer aufzubrechen ist.

Welche Faktoren beeinflussen Bildungschancen?

Bildungsabschlüsse und Bildungswünsche werden durch eine Vielzahl von Faktoren beeinflusst. Einer der entscheidendsten ist wie beschrieben der Bildungsstand der Herkunftsfamilie. Kinder von Eltern mit formellen akademischen Abschlüssen haben oft bessere Chancen, da sie auf eine Umgebung zurückgreifen können, die sich an einem Normkanon für das, was als ›Bildung‹ gilt, orientiert. Ein akademischer Abschluss ermöglicht Zugang zu besser bezahlten Jobs. Familien mit höherem Einkommen haben wiederum mehr Ressourcen zur Verfügung, um auf ein breiteres Repertoire an Bildungsmöglichkeiten zuzugreifen, wie etwa den Zugang zu Privatschulen, Nachhilfe und zusätzlichen Aktivitäten.

Auch Lehrer*innen haben einen massiven Einfluss auf die Bildungschancen junger Menschen, sie stellen die Weichen für Ausbildungsentscheidungen und -möglichkeiten. Sie sind nicht nur Wissensvermittler*innen, sondern auch Gestalter*innen der Lernumgebung und sie wirken auf die Entwicklung junger Menschen ein. Eine Verantwortung, die, wie später noch ausgeführt wird, nicht von allen Lehrenden gleichermaßen unvoreingenommen getragen wird.

Geld als Türöffner zu Bildungschancen, als entscheidend für die Ausbildungsfinanzierung und als Ressource, die in strukturell vernachlässigten Schulen zuerst gekürzt wird, ist ein fast selbsterklärender Faktor, an dem ich unter anderem die massiven Zusatzbelastungen von Auszubildenden aus materiell armen Familien aufzeigen werde. Schauen wir aber zunächst auf die Herkunftskontexte.

Eltern und Erziehungsberechtigte

Es mag etwas ungewöhnlich erscheinen, bei der Benennung der für Bildungschancen entscheidenden Faktoren bei der Herkunftsfamilie anzufangen, zumal ich zu Normfamilienkontexten recht wenig Erfahrungswissen beitragen kann. Daher spreche ich auch wechselweise von ›Familie‹ und ›Herkunftskontexten‹. Es gibt jedoch im Bereich von Familie und Herkunftskontexten, wie ich weiter oben schon dargelegt habe, ausreichend Studien und Erfahrungsberichte, die belegen, dass hier der individuelle Blick auf Bildung und Berufsentscheidungen grundlegend geprägt wird und dass Konflikte um Entfremdungserfahrungen, wenn diese Entscheidungen sehr weit von der Herkunft abweichen, in der gesellschaftlichen Debatte um den gleichen Zugang zu Bildung zu wenig in den Blick genommen werden.

Zugleich werden Familien aus der Arbeiter*innen- und Armutsklasse gesamtgesellschaftlich und damit auch im Bildungskontext abgewertet und besonders kritisch betrachtet, während akademisch gebildete Familien mit vielen materiellen Ressourcen selten bis in privateste Alltagshandlungen hinein beobachtet werden oder sich rechtfertigen müssen. Solcherlei Beobachtungen (seitens institutioneller Forschung und Politik, aber auch seitens Mitschüler*innen und Mitstudierender sowie der Eltern und Lehrenden) reichen vom Pausenbrot über die gekauften Schulmaterialien bis hin zu Freizeitaktivitäten. Kinder lernen Distinktion[8] schon sehr früh, wenn sie überhaupt Kindern aus anderen Kontexten begegnen. In Workshops zu Klassismus lasse ich die Teilnehmenden anfangs in der Regel reflektieren, wann sie zum ersten Mal bemerkt haben, dass jemand mehr oder weniger materielle Ressourcen zur Verfügung hatte als sie. Dabei werden oft Erlebnisse geteilt, die weniger mit materiellen Ressourcen zu

8 (sich) unterscheiden oder von anderen abgrenzen.

tun haben als mit pädagogischen Interventionen in klassenübergreifende Freund*innenschaften, etwa wenn Eltern die gewählten Freund*innen zu nicht angemessenem Umgang erklärten – »Spiel nicht mit den Schmuddelkindern« als pädagogische Haltung der Eltern. Wenn wir uns hier also ansehen, inwiefern Herkunftskontexte die Bildungschancen beeinflussen, so ist es meiner Meinung nach wichtig, nicht nur die Armuts- und Arbeiter*innenklasse in den Blick zu nehmen, sondern andersherum zu fragen, inwiefern klassenprivilegierte Familien zum einen ihren Status im Bildungssystem aggressiv verteidigen und zum anderen eine Haltung an ihre Kinder weitergeben, die zu klassistischer Ausgrenzung von Kindern aus anderen Klassen führt.

Die Fragestellungen in der Bildungsforschung erscheinen mir insgesamt sehr einseitig. Im Vergleich zu sogenannten ›Bildungsaufsteiger*innen‹ wird zum Beispiel über ›Bildungsabsteiger*innen‹ kaum breit diskutiert und wenn, dann wird gleich über ›missratene Söhne und Töchter‹ gesprochen (vgl. Schmeiser 2003). Warum ein Kind von Ärzt*innen ›missraten‹ ist, wenn es sich entscheidet, einen handwerklichen Beruf auszuüben oder ganz aus einer bürgerlich vorgeformten Karriere auszusteigen, erschließt sich mir nicht ganz, was hieran aber deutlich wird, ist, dass berufliche Entscheidungen offenbar auch im Hinblick auf die soziale Herkunft bewertet werden.

Der Unwille von sogenannten ›Gymnasialbefürworter*innen‹, sich auf Bildungsreformen einzulassen, zeigte sich um 2008 herum besonders deutlich, als in Hamburg der Vorschlag eingebracht wurde, die Primarschule auf sechs Jahre zu verlängern, um Kindern mit schlechteren Startbedingungen ein längeres gemeinsames Lernen zu ermöglichen, ohne diejenigen mit besseren Startbedingungen zu bremsen. Die von Walter Scheuerl daraufhin ins Leben gerufene Initiative »Wir wollen lernen!« stellte sich massiv gegen die Veränderungsvorschläge. Scheuerl bagatellisierte laut *Spiegel* soziale

Unterschiede zwischen den Bezirken, indem er konstatierte: »Hier lernen die Kinder Geige und da Blockflöte.« Mit der Bildungsreform – so fürchtete er – gäbe es am Ende »nur noch Flötenunterricht« für alle (vgl. Menke 2008). Der Reformvorschlag scheiterte und die Initiative ging als Paradebeispiel für elitensichernde und statuserhaltende Reformverweigerung in die Hamburger Geschichte ein. Es mag unzulässig erscheinen, die Aussagen einer Einzelperson als repräsentativ für eine Gruppe von Eltern heranzuziehen, es zeigt aber, was in den Auseinandersetzungen um Bildung sagbar ist und welche Zuschreibungen gemacht werden.

Ich habe mich dagegen entschieden, die Vorurteile und Abwertungen zu wiederholen, die materiell arme und/oder nicht-akademische Familien erfahren, oder mich an ihnen abzuarbeiten. Diese sind a) bereits ausreichend in Köpfen, Schlagzeilen und medialen Darstellungen vorhanden und sie reproduzieren b) nur Bilder, denen ich in ihrer gewaltvollen Einseitigkeit nicht zustimmen kann. Es soll aber deutlich werden, dass der Widerstand gegen Reformen, die soziale Gerechtigkeit herstellen könnten, massiv ist. Das Bild der ›Blockflöte‹ nicht-akademischen Familien zuzuweisen, mag zunächst wie eine witzige Karikatur klingen, ist aber bei näherer Betrachtung eine Projektion von Annahmen über Interessen und Fähigkeiten, die herabwürdigend und beleidigend sind. Dass diese Eltern generell als weniger interessiert am akademischen Erfolg ihrer Kinder dargestellt werden, hat massive Konsequenzen im Bildungssystem.

Sprechen wir nun über Familien aus der Armuts- und Arbeiter*innenklasse: Ich komme hier noch einmal auf die Nürnberger Studie zurück, in der sich zeigt, dass sich materiell arme Eltern ebenso gute Bildungsmöglichkeiten und Unterstützung wünschen, wie sie materiell reiche Eltern ihren Kindern ermöglichen können. Wer sich einen Einblick in die Lebenswelt von armutsbetroffenen Menschen und die Sorgen verschaffen möchte, die dadurch entstehen, dass einfach nicht ausreichend Geld vorhanden ist, findet in den sozialen Medien unter #IchBinArmutsbetroffen verschiedenste Perspektiven. Dort schreiben Studierende aus der Arbeiter*innen- und Armutsklasse, Alleinerziehende, Aufstocker*innen, Bürgergeldbezieher*innen und viele andere, wie sie das wenige Geld in ihrem Alltag und auch in ihren Familien aufteilen – und darüber, wie es sich anfühlt, wenn immer nur über eine*n geschrieben wird, statt selbst einmal gefragt zu werden.

Dass das Elternhaus oder der Herkunftskontext, oder vielmehr die elitäre Haltung klassenprivilegierter Eltern gegenüber den strukturell verankerten Ausschlüssen und der Stigmatisierung klassismusbetroffener Eltern, massiv über den künftigen Lebensweg bestimmt, ist einer der größten Ungerechtigkeitsfaktoren, der in der Bildungsforschung immer wieder festgestellt und herausgearbeitet wird. Dennoch wird in der politischen und gesellschaftlichen Debatte kaum mal der Fokus auf die Stärkung von Eltern gelegt, deren Kinder ausgegrenzt werden, und nur wenig Kritik an elitären und unsolidarischen Elterninitiativen wie der in Hamburg geübt, die ihren Klassismus und ihr Streben nach Statuserhalt ungefiltert vor sich hertragen und die eigene Machtposition für politische Einflussnahme zu ihren Gunsten nutzen.

Lehrende

> »›Ich wollte Sie nur anspornen, noch besser zu sein.‹ – ›Glaube ich nicht. Und selbst wenn es stimmt, haben mich Ihre Worte erschüttert. Fast wäre ich Ihretwegen nicht zurückgekommen. Und im Gegensatz zu den meisten hier wurde mir nie gesagt, ich sei brillant oder ich hätte es verdient. Gehe ich Risiken ein und scheitere, fehlt mir das Sicherheitsnetz. Sie werden noch weiteren Studierenden wie mir begegnen. Daher sollten Sie wissen, dass Ihre Worte über viel Macht verfügen.‹« (Sex Education, Staffel 4, Episode 8)

In diesem Dialog aus der Serie *Sex Education* konfrontiert die Hauptfigur Maeve Wiley einen Ihrer Universitätsdozenten mit den emotionalen Konsequenzen, die seine Lehrmethoden und seine abwertende Einschätzung hatten, in der er nicht eine einzelne Arbeit kritisierte, sondern Maeves Eignung für den Studiengang an sich infrage stellte. Angesichts der fiktiven Figur Maeve Wiley zeichnen sich mit Blick auf Lehrende viele Themen ab.

Für diejenigen, die die Serie nicht gesehen haben, folgt an dieser Stelle ein kleiner popkultureller Exkurs mit ein paar Spoilern. Maeve gilt an ihrer Schule als *enfant terrible*[9], sie ist punkig angezogen, raucht und wird als ›unangepasst‹ dargestellt, bei einem gleichzeitig starken Bildungsinteresse. Sie macht die Hausaufgaben ihrer Mitschüler*innen, um damit Geld zu verdienen. Mit einem Schüler, dessen Mutter Sexualtherapeutin ist, eröffnet sie an der Schule eine ›*sex clinic*‹ für Sexualberatung, mit der sie weiteres Geld verdient. Im Laufe der Serie wird klar, dass sie allein in einem Wohnwagenpark wohnt und die dort fällige Miete selbst finanzieren muss. Die Zuschauenden werden im Laufe der Serie immer mehr für Maeves Lebenssituation und ihre Bewältigungsstrategien von altersunangemessenen Anforderungen sensibilisiert, während Maeve verschiedenen Lehrer*innenstereotypen begegnet. Die Skala reicht vom Schulleiter, dem sie ein Dorn im Auge ist und der sie einfach nur als Störfaktor sieht, bis zu der engagierten Literaturlehrerin, die in Maeve etwas Besonderes sieht und sie entsprechend ermutigt, ihr Potenzial zu nutzen. Erst im Laufe der Serie bekommt Maeve durch die Fremdunterbringung ihrer kleinen Schwester bei einer Pflegefamilie die Chance, einfach Teenager zu sein, ohne dass Delinquenz- oder Rettungsfantasien auf sie projiziert werden.

9 Wörtlich übersetzt: ›schreckliches Kind‹, wird genutzt, um Menschen zu beschreiben, die (bürgerlichen) Normen nicht entsprechen (oder entsprechen wollen), älter auch: ›Bürger*innenschreck‹.

In den Lebensgeschichten der Realität werden Begegnungen zwischen engagierten Lehrenden, Professor*innen, Erzieher*innen und anderen Gatekeeper*innen in Machtpositionen mit deprivilegierten jungen Menschen oft zu ›Glückserzählungen‹. »Ich hatte Glück, dass es da diesen einen Lehrer gab, der mir kostenfreie Nachhilfe gegeben hat!« oder »Zum Glück gab es da diese Rektorin, die mich ermutigt hat, mein Abitur zu machen!«. Diese Glückserzählungen á la ›Lehrer*in-entdeckt-Talent-von-abgehängtem-jungen-Menschen‹ wirken berührend und werden gern erzählt, medienwirksam in Szene gesetzt oder auch zu erfolgreichen Filmen verarbeitet (#InspiriertDurchEineWahreGeschichte). Was dabei aber problematisch ist: Sie unterteilt junge Menschen in jene, die aufgrund ihres besonderen Talents Unterstützung zu verdienen scheinen, und in die Übriggebliebenen, die es offenbar nicht verdient haben, die gleiche Unterstützung zu bekommen. Lehrer*innen werden zu Retter*innen gemacht, die einzelne, von ihnen als besonders markierte junge Menschen fördern. Dabei ist diese Darstellung gar nicht so inakkurat, denn das Bildungssystem ist bereits ab der Grundschule hochselektiv – und Lehrer*innen tragen, bewusst oder unbewusst, zu einem Großteil dazu bei, dass das so ist.

Wie die schon erwähnte Studie zu »Bildungschancen und Lernbedingungen an Wiesbadener Grundschulen am Übergang zur Sekundarstufe I« (Schulze et al. 2008) zeigt, werden Gymnasialempfehlungen nach der sozialen Herkunft der Eltern vergeben. Dass Noten nach sozialer Herkunft erteilt werden und junge Menschen aus der ›Oberschicht‹ zudem eher eine Gymnasialempfehlung bekommen, führten die Forschenden unter anderem auf eine mögliche unbewusste Diskriminierung von Schüler*innen aus der Armutsklasse[10] durch die Lehrenden zurück.

10 Im Original wird hier ›Unterschicht‹ verwendet.

Es gibt noch eine Vielzahl weiterer Studien, die zeigen, welchen Einfluss Lehrende auf Bildungschancen von Kindern haben. Es wird etwa nach der möglichen Reproduktion der sozialen Herkunft von Gymnasiallehrer*innen gefragt, nach Vorurteilen gegenüber Namen wie ›Kevin‹ und ›Chantal‹ und die Auswirkungen von habituellen Unterschiedlichkeiten. »Lehrer[11] üben symbolische Gewalt aus, insofern sie z.B. bestimmte Verhaltens- und Sprechweisen befördern und dazu beitragen, dass Schüler sich diesen unterwerfen und sie als natürlich und legitim anerkennen«, schreiben Andrea Lange-Vester et al. (2014: 180) mit Blick auf die habituellen Vorgaben in Klassenzimmern. Sie folgern daraus, dass der Lehrer*innenberuf in besonderer Weise eine »Habitussensibilität« (ebd.) erfordere und es notwendig sei, sich die Kräfteverhältnisse im Feld Schule zu vergegenwärtigen (ebd.). Dass sich diese Reflektion nicht nur in Bezug auf die Interaktionen im Klassenzimmer, sondern auch auf eigene Vorurteile beziehen muss, zeigt unter anderem eine Studie der Arbeitsstelle für Kinderforschung der Universität Oldenburg. Hier zeigte sich bei einer Befragung von Lehrenden, dass allein der Name eines jungen Menschen schon »Erwartungshaltungen bezogen auf Verhaltensauffälligkeit, Leistungsstärke und Persönlichkeit« hervorrief (König 2009: 3). Mit den oben genannten Namen ›Kevin‹ und ›Chantal‹ wurde »frech, verhaltensauffällig und leistungsschwach« assoziiert, einer ›Sophie‹ oder einem ›Maximilian‹ wurde hingegen zugeschrieben, »freundlicher, leistungsstärker und unauffällig im Verhalten« zu sein (ebd.). Die Ergebnisse der Studie wurden medial aufgegriffen als ›Kevinismus‹ und in direkten Zusammenhang mit der sozialen Herkunft gebracht. So steht im Online Lexikon für Psychologie & Pädagogik, dass die »Vergabe anglo-amerikanischer Namen« (Stangl

11 Generisches Maskulinum hier im Original.

2024) ein Phänomen der Armutsklasse sei, bzw. mit wenig formeller Bildung assoziiert werde.[12]

Dass klassistische Vorurteile und Prägungen bei Notenvergabe und weiterführenden Schulempfehlungen eine Rolle spielen, liegt auf der Hand, dennoch sollen Lehrer*innen hier nicht als die Verantwortlichen für die Misere dargestellt werden. Was hier vielmehr deutlich werden soll, ist die Macht, die Lehrende nicht nur in der Notenvergabe, sondern auch in ihren Worten haben. Sie können junge Menschen ermutigen und auf ihren Bildungswegen unterstützen, aber auch entmutigen und ihnen Steine in den Weg legen. Sie können junge Menschen und ihre Familien aburteilen – sie haben aber auch die Möglichkeit, auf die Verhältnisse zu schauen, die in dieser Gesellschaft Menschen auf abgewertete Plätze verweist. Sie können, wie schon gesagt, Gatekeeper*innen – aber auch Türöffner*innen – sein.

Geld und andere Ressourcen

Lange bevor junge Menschen in beruflichen Ausbildungen oder Studiengängen ankommen, haben sie ein Bildungssystem durchlaufen, das von der KiTa über die Grundschule bis zu den weiterführenden Schulen Zugriff auf unterschiedliche Ressourcen ermöglicht oder verhindert. Eine zentrale Rolle spielt dabei die Finanzierung, die zum Beispiel Schulen mit mehr finanziellen Mitteln die Möglichkeit bietet, modernere Einrichtungen, Lehrmaterialien und Technologie anzuschaffen, um den Schüler*innen ein lernfreundliches Umfeld zu bieten. Dabei beeinflusst der finanzielle Hintergrund der Schüler*innenschaft auch die Ausstattung der Schulen, da Schulen in materiell reichen Gegenden oft von zusätzlicher Unterstützung durch die Eltern oder Sponsoren profitieren, während Schulen in materiell armen Gegenden mit finanziellen Herausforderungen zu kämpfen haben. Zudem wird die finanzielle Unterstützung

12 Die klassistischen Begriffe ›Unterschichtsphänomen‹ und ›bildungsfern‹ wurden hier ersetzt.

ohnehin schon vernachlässigten Stadtteilen zuallererst entzogen. In Berlin wurden beispielsweise Kürzungen beschlossen im Bereich der Reinigung an Schulen und der Erneuerung von defekten Spielgeräten auf Spielplätzen sowie Schließungen von Jugendfreizeit- und Familienzentren und weitere Sparmaßnahmen, die das Leben und die Lebensqualität von jungen Menschen direkt betreffen. Dass die Kürzungen die Bildungsinfrastruktur wie eben auch Schulen treffen, ist für die Bildungsmotivation von Kindern und Jugendlichen besonders destruktiv. Zwar haben einzelne Bundesländer unterschiedlich komplexe Indikatoren zur Verteilung von gesonderten Ressourcen für strukturell vernachlässigte Schulen entwickelt, diese reichen aber bei Weitem nicht aus, um die Defizite auszugleichen und ein förderliches Lernumfeld zu schaffen.

Der Zugang zu materiellen Ressourcen wie digitalen Endgeräten und Internet ist ein weiterer entscheidender Faktor. Gerade in der Corona-Pandemie zeigte sich, dass viele Schüler*innen über kein eigenes Endgerät zur Teilnahme am Onlineunterricht, einen stabilen Internetzugang oder einen ausreichend ruhigen Lernort verfügten, was die soziale Ungleichheit noch verschärfte. Durch fehlende digitale Teilnahmemöglichkeiten am Unterricht verloren Lehrende den Kontakt zu ihren Schüler*innen teilweise oder ganz, die wenigsten Schulen konnten ihren Schüler*innen digitale Endgeräte zur Verfügung stellen. Die Corona-Pandemie kann hier als Brennglas zur Verdeutlichung der bereits vorhandenen dramatischen sozialen Ungleichheit gesehen werden. Hinzugefügt sei an dieser Stelle, dass im Zuge der Inflation immer mehr junge Menschen ohne Frühstück in die Schule gehen und Hunger sowohl in Schulen als auch in Jugendzentren eine zunehmende Rolle spielt. Es geht also um ganz existenzielle Ressourcen.

Wer nach dem Schulabschluss eine berufliche Ausbildung machen oder studieren möchte, steht nach Jahren in einem überlasteten und kaputtgesparten Schulsystem direkt vor der nächsten Herausforderung: Junge Menschen ohne Zugriff auf materielles Kapital finanzieren ihre Ausbildungs- und Studienjahre oft aus verschiedenen Einkommens- und Transfersystemen. Ich nenne diese Finanzierung ›Puzzlefinanzierung‹, da die erforderliche Summe aus Einzelbeträgen zusammengepuzzelt wird. Die Antragsverfahren für Transferleistungen sind unterschiedlich komplex und variieren je nach Lebenssituation der Auszubildenden. Personen, die bei ihren Eltern leben, erhalten weniger Unterstützung und jede Finanzierungsoption hat ihre eigenen Regeln und Voraussetzungen.

Um eine niedrige Ausbildungsvergütung auszugleichen, kann zum Beispiel Bundesausbildungsbeihilfe (BAB) beantragt werden. In diesem Fall wird eine Unterstützung für Wohnkosten nur dann gezahlt, wenn der Hin- und Rückweg zur Ausbildungsstätte zu den günstigsten Verkehrszeiten länger als zwei Stunden dauert. Es wird also erwartet, dass Auszubildende bei einem kürzeren Fahrweg die Miete wahlweise selbst stemmen oder bei der Herkunftsfamilie wohnen bleiben. Von einer Wahl kann hier allerdings kaum gesprochen werden – die Mindestausbildungsvergütung wurde 2023 von 585 Euro auf 620 Euro (brutto) pro Monat erhöht. Das sind 35 Euro mehr in einer Zeit massiver Preissteigerungen in allen Bereichen. Eine eigene Wohnung oder selbst ein WG-Zimmer lässt sich so nur selten finanzieren.

Studierende und Auszubildende, die Leistungen nach dem Bundesausbildungsförderungsgesetz (BAföG) beziehen, erhalten derzeit maximal 934 Euro pro Monat für ein Studium und 858 Euro für eine schulische Ausbildung. Wenn sich die Antragsbewilligung aufgrund von fehlenden Informationen, Unklarheiten oder fehlenden Formularen – ein von Eltern gern eingesetztes Machtmittel – verschiebt, fallen junge Menschen, auch die mit den besten Bildungsaussichten, in Finanzierungslücken, die sich für viele kaum überbrücken lassen, ohne dass die jeweiligen Ausbildungen darunter leiden. Die meisten der genannten Finanzierungsmöglichkeiten sind zudem zeitlich begrenzt und müssen in regelmäßigen Abständen mit entsprechenden Lernnachweisen neu beantragt werden. Dies gilt vor allem für ein Studium, bei dem die ›Förderungshöchstdauer‹ auf die Regelstudienzeit begrenzt ist und es nur sehr eingeschränkte Möglichkeiten gibt, den Studiengang noch zu wechseln. Scheitern, sich umentscheiden, noch mal von vorn anfangen – wie es für elternfinanzierte Peers möglich(er) ist – sind für BAföG-beziehende Studierende nur sehr begrenzte Optionen.

Wie ungleich öfter Studierende aus der Arbeiter*innen- und Armutsklasse gegenüber Studierenden mit Akademiker*inneneltern mit einer Eigenfinanzierung belastet sind, zeigt sich zudem in der prozentualen Finanzierung durch Eltern. Studierende aus Arbeiter*innenfamilien werden nur zu 15–20% voll von ihren Eltern unterstützt, Studierende mit ›Akademikereltern‹ zu zwei Dritteln (Bargel und Bargel 2010).

Wer jetzt romantisiert, dass junge Menschen aus der Arbeiter*innen- und Armutsklasse durch Leistungskontrollen dazu angespornt würden, schneller ihre Ausbildungen abzuschließen, übersieht, dass der bürokratische Zusatzaufwand, das Warten auf Bewilligungen und die Abhängigkeit von Amtsentscheidungen eine ungleich höhere Belastung darstellen gegenüber der Situation von Peers, die sich vollfinanziert auf ihren Bildungsweg konzentrieren können. Auch materielle Ausstattungen wie ein wenigstens einigermaßen funktionierender Computer, spezielles Equipment für (schulische) Ausbildungen oder bestimmte Studiengänge und andere Dinge, die das (Ausbildungs-)Leben einfacher machen könnten, sind nur mit viel Planung finanzierbar.

Es gibt noch viele weitere Faktoren, die Bildungschancen beeinflussen, etwa die geografische Lage, also Stadt-Land-Unterschiede, oder die eingangs schon genannten Diskriminierungserfahrungen. Ich habe mich im Rahmen dieses Buches jedoch dazu entschieden, diese drei hervorzuheben, da ich in diesen Feldern besonders großen Interventionsbedarf sehe.

Auswirkungen von Klassismus

> »Das Ziel der ›gut integrierten Persönlichkeit‹ ist verwerflich, weil es dem Individuum jene Balance der Kräfte zumutet, die in der bestehenden kapitalistischen Gesellschaft nicht besteht und auch gar nicht bestehen sollte, weil jene Kräfte nicht gleichen Rechtes sind.« (T. W. Adorno 1975: 131)

Ganzen Menschengruppen Kollektivdiagnosen zuschreiben zu wollen, halte ich für falsch. Das möchte ich an dieser Stelle vorab sagen. Das ist mir zum einen zu undifferenziert, zum anderen können dadurch wiederum neue problematische Anforderungen produziert werden, die die Verantwortung für strukturell geschaffene Probleme in Individuen suchen. Ein Beispiel hierfür ist die ›Resilienz‹. Zugegebenermaßen dachte ich anfangs, dass ich mit diesem Begriff, der beschreibt, dass es Menschen gibt, die belastende Lebenssituationen scheinbar unbeschadet überstehen, eine Erklärung dafür gefunden hatte, warum Menschen aus meinem ehemaligen Nahumfeld so unterschiedlich mit Belastungen umgehen konnten und so unterschiedliche Lebenswege einschlugen. Inzwischen aber ist dieses Wort gefühlt Teil jedes zweiten Selbstmanagementseminars geworden, die darauf ausgelegt sind, dass die Teilnehmenden ›resilienter‹ werden. Das ist eine der perfidesten und kapitalismuskonformsten Verkehrungen eines Konzepts, die ich je erlebt habe. »Du fühlst dich ausgepowert und überfordert vom 40-Stunden-Job plus Care-Arbeit plus Reprokram plus den sozialen Anforderungen? Du musst resilienter werden!«. Resilient zu sein ist zum erweiterten Leistungsnarrativ geworden. Jetzt kommt zum »Jede*r kann es schaffen!« noch ein »Du musst nur ein wenig mehr an dir arbeiten!« hinzu. Hauptsache, die Leute glauben, sie seien für ihre Erschöpfung und ihre Vulnerabilität selbst verantwortlich, und bezahlen dafür, sich in Selbstoptimierung zu üben.

In einem meiner diversen Studienanläufe landete ich in einem – kostenfreien – Seminar für Frauen aus der Arbeiter*innenklasse, oder, wie sie es nannten, der *first generation*. Die meisten der Anwesenden waren dort, um sich für die Hochschule ›fit‹ machen zu lassen, ich war dort, um den Status quo mit Genoss*innen infrage zu stellen. Was dazu führte, dass mich die von mir so definierten Genoss*innen in kürzester Zeit als Spaß- und Optimierungsbremse wenn nicht hassten, dann doch zumindest ziemlich nervig fanden und ich mich mit den Anleiter*innen so sehr stritt, dass mein Takeaway von dem ganzen Programm war, zu lernen, mir meine Verbündeten an der Hochschule künftig etwas genauer auszusuchen. Während auch ich die Ausschlussmechanismen an der Hochschule deutlich spüren konnte, lautete meine Lösungsidee dazu nicht, mich noch weiter anzupassen.

Das Perfide ist, dass genau das suggeriert wird: Wenn du nicht klarkommst, ist mit dir etwas falsch, nicht mit dem System. Eine Person, die für mich als queere Person aus der Arbeiter*innenklasse Mentor*innenfunktion hatte und mit der ich über meine Befremdung in der Hochschule sprechen wollte, warf mir vor, ich würde »meine Betroffenheit wie einen Bauchladen vor mir hertragen«. Sie hatte sich offenbar »zusammengerissen« – ich nicht. Diese Individualisierung von Diskriminierungserfahrungen und dass ich in Career-Center-Seminaren lernen sollte, mich anzupassen, anstatt die strukturelle Dimension der Diskriminierung zu benennen und zu bekämpfen, traf mich damals hart. Nicht, weil ich anderen ihre Bewältigungsstrategien hätte absprechen wollen, sondern wegen der offenkundigen Entsolidarisierung und der Herabsetzung meiner systemkritischen Anmerkungen als »Jammer-Bauchladen«.

Der Anpassungsdruck an kapitalistische Verwertbarkeitslogiken gilt natürlich nicht nur für die Hochschule. Derzeit kursieren diverse Videos, in denen junge Menschen vorgeführt werden, weil sie nach einem 8-Stunden-Arbeitstag nur noch erschöpft zu Hause ankommen und schlafen können und keine Energie mehr für andere Dinge haben. Das Ganze wird versehen mit hämischen Kommentaren und Überschriften wie »Guckt sie euch an, die verweichlichten Millennials. Die können nicht mal einen Tag arbeiten, ohne in Tränen auszubrechen.« Eine Generation, die ihr Leben nicht damit verbringen will, ihre Arbeitskraft für Puzzlefinanzierungen zu verkaufen, weckt bei mir eher Hoffnung auf ein Anknüpfen an Arbeitskämpfe der 1980er, bei denen Forderungen nach einer 35-Stunden-Woche mit Slogans wie »Mehr Zeit zum Leben, Lieben, Lachen« im Mittelpunkt standen. Abgesehen davon frage ich mich, ob nicht genau die Leute, die sich hier über die arbeitsunfähige jüngere Generation auslassen, glänzende Augen bekämen, wenn ich ihnen gegenüber ein »Erzähl mir vom ›Summer of Love‹« ins Gespräch werfen würde.

Ent-Powerment[13]

Herabsetzungen, Entmutigungen und Schuldzuweisungen finden weder ausschließlich auf einer individuellen Ebene statt, noch sind sie als individuelles Erleben einzuordnen. In der Bewegungsgeschichte marginalisierter Gruppen ist das Einordnen von scheinbaren Einzelerfahrungen in kollektive Muster ein wesentlicher Schritt zur Benennung und Bekämpfung von Unterdrückung: Gemeinsame Worte finden. Strategien entwickeln. Communitys bilden. Veränderung herbeiführen!

Solche kollektiven Prozesse sind auch individuell empowernd und etwas ganz anderes, als das, was derzeit im Bildungssystem vorherrscht. Wenn Kindern schon im Kindergarten und in der Grundschule eingeredet wird, dass sie es zu nichts

13 Ent-Powerment nutze ich hier als das eingedeutschte Gegenteil von Empowerment [Ermächtigung] – also ›Ent-Mächtigung‹.

bringen werden, weil ihre Familien und Herkunftskontexte sie nicht ausreichend unterstützen könnten; und wenn eine ganze Gesellschaft seit Jahrzehnten weiß, dass das Bildungssystem ungerecht ist und trotz besseren Wissens fahrlässig daran festhält, dann werden Kinder nicht empowert, sondern ent-powert.

Dass nicht-akademische Eltern ihre Kinder erst dann aufs Gymnasium schicken, wenn deren Leistung deutlich über der Leistung von akademischen Peers liegt, ist ein Indikator dafür, dass sich eine Politik des Ent-Powerments im Bildungssystem eingespielt hat. Hinzu kommt, dass junge Menschen nicht ermutigt werden, freie Bildungsentscheidungen zu treffen, sondern, etwa wenn die Herkunftsfamilie (bisher) ALG II bezieht, dazu aufgefordert werden, erst einmal Geld zu verdienen. Anfang der 2010er Jahre häuften sich Fälle, bei denen junge Menschen unter Androhung von Sanktionen aufgefordert wurden, ihre Zeugnisse vorzulegen, und selbst bei dem ausdrücklichen Wunsch, die Schule weiter besuchen zu wollen, in Richtung einer Ausbildung gedrängt wurden. In einem Video von *Careleaver-Online.de* berichten junge Menschen aus dem Jugendhilfesystem, dass der Wunsch, das Abitur zu erreichen, bei den zuständigen Behörden Überforderung und Unwissen bezüglich der Umsetzung dieses Wunsches auslöste. Wer von Sozialsystemen abhängig ist, ist in der Entscheidung über den weiteren Bildungsweg also nicht nur auf die Unterstützung der Herkunftsfamilie, sondern auch auf informierte und ermöglichende Entscheidungen von Sachbearbeiter*innen angewiesen. Wenn nun noch eine Schule hinzukommt, die kräftig mitaussiebt und junge Menschen abschreibt, anstatt sie zu unterstützen, wundert es nicht, dass die politische Selbstvertretung und der Protest gegen Klassismus im Bildungssystem nicht schon längst viel stärker geworden sind. Vor allem, wenn zu alledem noch suggeriert wird: Selbst schuld, wenn du es nicht schaffst!

Intelligenzmythen, Leistungsnarrative und ›Imposter-Syndrom‹

Ein beliebtes Argument für das Aufrechterhalten eines mehrfachgeteilten Bildungssystem ist das der Begabung oder Nicht-Begabung. Menschen glauben gerne, dass es Menschen gibt, die per genetischer Erbanlage akademisch begabt sind, indem sie von Akademiker*innen gezeugt wurden, und demnach auch ein Geburtsrecht auf akademische Bildung haben.

Um es ganz deutlich zu sagen: Intelligenz, wenn wir mit diesem scheußlichen Begriff arbeiten wollen, ist nicht angeboren. Wer versucht, soziale Phänomene biologisch zu erklären und ungerechte Systeme damit zu rechtfertigen, rückt in meinem Kopf da hin, wo er hingehört: an den rechten Rand. Es kann zwar lustig sein, Forschungsberichte zu lesen, in denen händeringend, mit kleinsten Fallzahlen und abstrusesten Herleitungen biologistische Schlussfolgerungen verteidigt werden. Aber meistens frage ich mich vor allem, wer so eine aufwändige Suche nach Beweisen für unterschiedliche Bildungsvoraussetzungen aufgrund von Veranlagungen in Genen, Hirnen und anderen Körperregionen eigentlich finanziert.

Abgesehen davon, dass der Glaube an Intelligenz als Veranlagung schlichtweg falsch ist, ist die Bezugnahme auf Intelligenz in der Arbeit mit jungen Menschen eine pädagogische Katastrophe. Wer schon Grundschüler*innen immer wieder vermittelt, dass sie Lerninhalte nicht im vorgegebenen Zeitraum wiedergeben können, weil sie nicht smart genug seien, anstatt sich selbst bewusst zu machen, dass Leistungs- und Notendruck nicht die ›Begabtesten‹, sondern diejenigen herausfiltert, die am besten mit diesem Druck umzugehen wissen, schafft eine demotivierende selbsterfüllende Prophezeiung. Das Lernpensum und der Druck, die in Regelschulen aufgebaut werden, reihen sich nahtlos in das kanonische »Selbst schuld, wenn du es nicht schaffst!« ein. An freien Privatschulen gibt es alternative pädagogische Konzepte – auf die in erster Linie Akademiker*innen mit einem guten Haushaltseinkommen ihre Kinder schicken. Für einkommensschwache Haushalte mit Eltern ohne akademischen Abschluss kommt eine private Schule eher nicht infrage (Helbig et al. 2022). Ich werde später noch einmal auf private Schulen zurückkommen – aber hier möchte ich deutlich machen, dass es eine Frage des Geldes ist, welche Schulen Kinder besuchen. Nur Eltern mit dem entsprechenden Geld haben eine freie Wahl über die pädagogischen Konzepte.

Wer nach allen »Du musst Dich nur ein wenig anstrengen«- und »Jede*r kann es schaffen«-Beschwörungen gegen alle Widerstände einen akademischen Bildungsweg einschlägt, kann an der Hochschule damit rechnen, dass Beschämungen und Befremdungen den Alltag begleiten. Bereits in den 1990er Jahren diskutierte der Reader »Kommen auch Sie aus der BILDUNGSFERNE?« (Hervorhebung im Original) einer Gruppe von »ArbeiterInnentöchtern« die Entfremdung, die mit dem Einstieg in einen sogenannten ›höheren‹ Bildungsweg einhergehen und eine Person zwischen der Herkunftsfamilie und dem neuen akademischen Umfeld hin- und herwerfen kann. Ich tue mich schwer damit, alle Personen aus der Arbeiter*innen- und Armutsklasse hier gleichzusetzen und zu behaupten, dass alle dieses Gefühl, im Raum inadäquat zu sein und sich an der Uni fehl am Platz zu fühlen, kennen. Das lässt mir zu wenig Raum für differenzierte und intersektionale Erzählungen über verschiedenste Lebenswege, die zu materieller Armut geführt haben. Dennoch will ich die Anpassungsanforderungen, die der Machtraum Hochschule bedeutet, nicht kleinreden.

Dieses Unbehagen in Universitäten wird oft mit dem ›Imposter-Syndrom‹ benannt. Es beschreibt das Gefühl, dass man trotz Erfolgen und Kompetenzen ein*e Betrüger*in sei und diesen Erfolg nur dem Glück oder Zufall zu verdanken habe, bzw. dass jederzeit aufgedeckt werden könnte, dass man nicht an die Hochschule gehört. In Sensibilisierungsworkshops versuche ich das so zu beschreiben, dass die Teilnehmenden sich vorstellen sollen, sie würden in der nächstgrößeren Großstadt den teuersten Laden betreten, den es gibt, einen, in dem sie sich nichts leisten können (oder wollen). Wie sie sich nervös umgucken, unauffällig Preisschilder auschecken und hoffen, dass sie bloß nicht mit einem »Kann ich Ihnen helfen?« angesprochen werden. Das ist das Gefühl, das viele an Universitäten haben. Das Problem hierbei ist, dass nicht der Schluss gezogen wird, dass der Laden eh zu teuer, Kapitalismus ein untragbares System und Enteignung der einzig adäquate Weg ist, mit dieser Ungerechtigkeit umzugehen. Stattdessen wird versucht, zu lernen, möglichst souverän gegenüber dem Personal aufzutreten, den eigenen Platz zu behaupten und irgendwann genug Geld zu haben, um sich in dem Laden tatsächlich das Angebot leisten zu können. Aus genau diesem Denken heraus entstehen dann Career-Center-Anpassungskurse mit Rhetorikseminaren und Typberatungen, aber ohne Fokus auf Solidarität und Empowerment. Durch solche Anpassungsleistungen entsteht eine ›Unsichtbarkeit‹ im Unibetrieb, die einen dann denken lässt, man sei alleine mit seiner ›anderen‹ Bildungsbiografie. Empowerment-Strukturen und Ansprechpartner*innen, die die Effekte von Klassismus erkennen und umfassendes Wissen darüber vermitteln können, nehmen erst in den letzten Jahren langsam zu.

Ich frage mich in dieser ganzen Anpassungsdiskussion immer wieder, warum sie so einseitig geführt wird. Warum wird nicht auch kritisiert, dass es überhaupt bestimmte Codes gibt, an die eine sich anpassen muss? Die habituelle Gewöhnung an Macht, das Entitlement von ganzen Generationen von Akademiker*innen, die meinen, die Regeln vorgeben zu können, tauchen mir zu wenig auf. ›Entitlement‹ ist hier für mich der bessere Begriff als das deutsche Wort ›Anspruchshaltung‹, weil letzteres negativ besetzt ist und Personen meint, die vermeintlich zu viel für sich fordern. Eine passendere Übersetzung wäre vielleicht ›Berechtigungsgefühle‹. Das Gefühl, dass einem Raum, Gehör und Zugang zu Orten selbstverständlich zustehen, ohne sich jemals fragen zu müssen, ob andere diese Selbstverständlichkeit teilen. Das gilt nicht nur für Universitäten, sondern auch für andere akademisch geprägte Orte, etwa viele politisch-aktivistische Gruppen.

Ich erinnere mich an ein Gespräch mit einem Genossen aus einer sehr gut situierten Familie, der mir mit Blick auf meinen politischen Aktivismus und meine soziale Herkunft erklärte, dass ich ja weit gekommen sei, wohingegen er aus Sicht seiner Eltern in eine Welt brotloser Idealist*innen abgestiegen wäre. Ich habe hinsichtlich solcher Kommentare irgendwann entschieden, dass es nicht meine Aufgabe ist, die Identitätskrisen von Menschen zu klären, die im Vergleich zu mir mit massiven Vorteilen aufgewachsen sind – denn, auch wenn es hier nicht um formelle Bildung geht, veranschaulicht diese Begegnung ein auch in akademisch geprägten Kontexten wiederkehrendes Muster: Es gibt immer wieder diese Leute, die sich das Recht herausnehmen, darüber zu richten, wer an welcher Stelle *eigentlich* hingehört und wer nicht.

Entitlement und die Frage, wie bestimmte Ordnungen entstanden sind und wer davon profitiert, wird mir in der Diskussion um das Imposter-Syndrom zu wenig thematisiert. Selbstverständlich ist es wichtig und richtig, hervorzuheben, dass ein nicht unwesentlicher Teil der Personen, die an einer Hochschule studieren, obwohl sie statistisch gesehen kaum eine Chance hatten, jemals an eine Hochschule zu gelangen, bis zu diesem Punkt bereits massive Widerstände erlebt hat und sich diese Widerstände im Konkurrenz- und Ellbogenbetrieb Universität oftmals noch verschärfen. Aber das Gefühl der Unzulänglichkeit allein hinsichtlich der gemachten Erfahrungen der Hürden und Ausschlüsse zu diskutieren, anstatt eben jene Hürden und Ausschlüsse selbst zu problematisieren, ist mir eine zu einseitige und niederschmetternde Diagnose. Daher finde ich den Begriff ›Habitus[14]-Struktur-Konflikt‹ (vgl. Schmitt 2010) attraktiver, der den Habituskonflikt als von der Struktur erzeugt und nicht als persönliche Verfehlung benennt.

An dieser Stelle erinnere ich gern noch einmal daran, dass mir quasi-religiöse Wortklaubereien weniger wichtig sind als die Inhalte. Wenn nach der Lektüre dieser Zeilen auch nur eine Person auf die Idee kommt, einer klassismusbetroffenen Person, die sich gerade mit drei Jobs das Studium finanziert und Hausarbeiten mitten in der Nacht vor irgendwelchen Deadlines auf irgendeinem schrottigen Endgerät zurechttippt, weil sie angesichts der Deadline Blockaden und Ängste hatte, die erst dazu geführt haben, dass es nun die Nacht davor geworden ist, – wenn also jemand auf die Idee kommen sollte, dieser Person zu erzählen, dass es ›Habitus-Struktur-Konflikt‹ und nicht ›Imposter-Syndrom‹ heißt, dann möge diesem Jemand in einem Wasserrohrbruch seine ›edition suhrkamp‹-Sammlung überflutet werden.

Ein letzter Punkt, den ich hier aufmachen möchte und der noch weniger besprochen wird als das Entitlement von akademischen Bildungsbürger*innen, ist die Beschämung, die auch seitens der Herkunftsfamilien und Herkunftskontexte praktiziert werden kann. bell hooks beschreibt die Spannungen seitens der Herkunftskontexte, die mit dem Überschreiten von Klassengrenzen auftreten, mit folgenden Worten: »Damals verstand ich nicht, dass sie sich auch davor fürchteten, dass ich ein anderer Mensch werden würde – der nicht mehr ihre Sprache sprach« (hooks 2020: 155). Mir ist keine einzige Studie bekannt, die sich aus Perspektive der Eltern mit sogenannten

14 Habitus bezeichnet nach Pierre Bourdieu eine Gesamtheit von Gewohnheiten, Auftreten, Sprechen, Umgangsformen und auch Geschmack, die in Herkunftskontexten geprägt werden.

›Bildungsaufstiegen‹ beschäftigt. Dabei sind Eltern, bzw. die Klassenprivilegien von Eltern auf der einen und abwertende Projektionen auf klassismusbetroffene Eltern auf der anderen Seite, der entscheidende Faktor für den Wechsel aufs Gymnasium. Die Stimmen klassismusbetroffener Familien werden bei aller gut gemeinten Forschung so gut wie nie erfragt, wirklich hör- und sichtbaren Protest gibt es meines Wissens nach selten. In Empowerment-Workshops zu Klassismus ist daher eine der drängendsten Fragen auch diejenige danach, wie die Gräben, die sich durch sehr unterschiedliche formelle Bildungszugänge innerhalb von Herkunftskontexten auftun, wenn schon nicht überbrückt, dann doch wenigstens besprochen werden können.

Alles schon gesagt und noch viel zu tun!

Ich habe eingangs geschrieben, dass nichts von dem, was ich hier in Bezug auf die massive soziale Ungleichheit im Bildungssystem zusammenfasse, neu ist oder nicht schon seit Jahren bekannt wäre. Alle paar Jahre kommt eine neue Bildungsstudie, die Medien sind mehr oder weniger aufgeregt, Forscher*innen schlagen Alarm, die Aufmerksamkeit verebbt und nach ein paar Jahren geht es wieder von vorne los.

Weshalb junge Menschen bei dieser faktischen Tatenlosigkeit annehmen sollten, dass sie in ihren Anliegen ernst genommen werden, dass die Politik sie im Blick hat und dass auf die verheerenden Befunde spürbare Lösungen im großen Stil gefunden werden, ist mir ein Rätsel. Die in der Corona-Pandemie 2020 gestartete und zuletzt 2023 durchgeführte Studie »Jugend und Corona« (JuCo) erfasste auch die Einschätzung der jungen Menschen darüber, ob die Situation von jungen Menschen Politiker*innen wichtig ist. Drei Viertel – *drei Viertel* – der jungen Menschen beantworteten die Frage mit »stimme nicht zu« (vgl. Andresen et al. 2023).

Das ist ein niederschmetterndes Zeugnis darüber, wie junge Menschen die Beachtung ihrer Bedarfe während, aber auch nach der Pandemie erlebt haben. Dass fast 75% der jungen Menschen kein Vertrauen in die Politik haben, sich nicht gesehen und auch nicht ernst genommen fühlen, ist mehr als ein Alarmzeichen. Und dass es nach dem offiziell erklärten Ende der Pandemie direkt wieder zum business as usual überging und in der Priorisierung der Wiedereröffnung der Schulen die Abiturjahrgänge ganz oben standen, hat sicher nicht dazu beigetragen, dass jene jungen Menschen, die prägende Schuljahre im improvisierten Online-Unterricht verbracht hatten, sich gut abgeholt fühlten.

Als Sozialarbeiterin habe ich in jener Zeit viel Mumpitz gesehen – von auf die Schnelle durchgeführten Abiturprüfungen, die dann teilweise in nur einer Woche stattfanden, bis hin zu Stapeln von Arbeitsblättern, die Lehrende digital versendeten und die dann ausgefüllt von den Schüler*innen zurückgesendet werden sollten. Die Frage danach, wie die Schüler*innen die Blätter ausdrucken, ausfüllen, einscannen und wieder zurücksenden sollten, bzw. ob die technischen Möglichkeiten vorhanden waren, die Arbeitsblätter am Bildschirm auszufüllen, wurde nicht gestellt. Manche jungen Leute gerieten ohne eigenes Zutun massiv unter Druck, wenn sie von Amts wegen aufgefordert wurden, für die Verlängerung ihrer Jugendhilfe und in manchen Fällen auch des Aufenthaltsstatus einen Schulabschluss oder Nachweise über Kurse abzugeben, die aber wegen Corona gar nicht stattfanden. Abgehängt wurden diejenigen, die ohnehin schon wenig Ressourcen zur Verfügung hatten.

So finde ich die JuCo-Zahlen zwar bestürzend; aber so ganz verwunderlich sind sie leider nicht. Junge Menschen scheinen nicht im Fokus der Politik zu stehen – außer wenn es um die Beschwörung eines Generationenvertrages geht oder die nachfolgende Generation als Störenfriede dargestellt wird, wenn sie ihrer Verzweiflung und Sorge über ihre Zukunft Luft macht.

Chancengleichheit, Teilhabe – und Diskriminierungsfreiheit

Chancengleichheit bezeichnet das Prinzip, dass jeder Mensch unabhängig von der sozialen Herkunft, dem sozialen Status oder anderen zugeschriebenen Hintergründen gleiche Möglichkeiten für die Gestaltung des eigenen Lebens bekommen und für gleiche Startbedingungen für alle gesorgt werden soll, um sich frei für einen Lebens- und Bildungsweg zu entscheiden. Dass dies in der aktuellen und auch vergangenen

Gesellschaft nicht so ist, habe ich schon dargestellt – diese Bestandsaufnahme ist auch weitestgehend Konsens. Daneben gibt es neoliberale Interpretationen von Chancengleichheit, in denen diese dann erreicht ist, wenn alle Menschen ausreichend für den Konkurrenzkampf um wenige attraktive Arbeits- und Ausbildungsplätze vorbereitet sind – und die ich nicht teile.

Eine weiterer, eng mit Chancengleichheit verknüpfter Begriff ist der der gesellschaftlichen Teilhabe. Gesellschaftliche Teilhabe bezieht sich auf die aktive Beteiligung am sozialen, wirtschaftlichen, kulturellen und politischen Leben einer Gemeinschaft. Das geht über bloße Anwesenheit hinaus und beinhaltet die Möglichkeit und Fähigkeit der Menschen, aktiv an verschiedenen Aspekten der Gesellschaft teilzunehmen und Einfluss zu nehmen. Das umfasst die Möglichkeit, an politischen Prozessen teilzunehmen, Zugang zu Bildungseinrichtungen zu erhalten sowie die Möglichkeit, Wissen zu erwerben, den Zugang zu angemessener Gesundheitsversorgung und den Zugang zu einem Rechtssystem, um die Rechte und Pflichten in der Gesellschaft auszuüben.

In der Theorie sind beide Konzepte für ein demokratisches Miteinander grundlegend, für Perspektivenvielfalt und für gesellschaftliche Aushandlungsprozesse, bei denen alle Mitglieder der Gesellschaft gleiche Chancen, Rechte und Startbedingungen haben. Wenn wir also die Schieflage im Zugang zum Bildungssystem betrachten und diverse weitere Faktoren berücksichtigen, etwa dass zum Beispiel, was die politische Teilhabe angeht, viele Menschen, die diese Gesellschaft mitgestalten, nicht mal wählen dürfen, so ist infrage zu stellen, dass wir in einer ›gerechten‹ Gesellschaft leben, bei der Teilhabe auf allen Ebenen gelebt wird.

Zwar gibt es einen formalen Diskriminierungsschutz, aber Anti-Diskriminierung funktioniert nicht, wenn das System selbst auf so vielen Ebenen diskriminiert, dass die rechtliche Teilhabe nur einigen und nicht allen ermöglicht wird (sei es aufgrund ausschließender Staatsbürger*innenregelungen, sei es aufgrund eines verwehrten Bildungszugangs mit daraus resultierendem fehlenden Wissen über Antidiskriminierungsgesetze, etc.). Dazu kommt, dass die Diskriminierung aufgrund der sozialen Herkunft bisher nicht bundesweit im Allgemeinen Gleichbehandlungsgesetz verankert ist. Als im Jahr 1997 in einem Entwurf für Antidiskriminierungsgesetze in Amsterdam vorgeschlagen wurde, vier der Diskriminierung zugrundeliegenden Kategorien – »soziale Herkunft, Alter, ›Behinderung‹ und sexuelle Orientierung« – zu streichen (vgl. Kemper 2015: 30), intervenierten Lobbygruppen erfolgreich, um diese wiederaufzunehmen – bis auf die Kategorie ›soziale Herkunft‹, für deren Wiederaufnahme sich keine Gruppe eingesetzt hatte. Im Landesantidiskriminierungsgesetz (LADG) des Landes Berlin hingegen ist seit 2020 der ›soziale Status‹ als Diskriminierungsmerkmal aufgenommen. Dies soll Menschen »vor Zuschreibungen aufgrund einer vermuteten oder tatsächlichen sozio-ökonomischen Lage« (Kubelt 2020: 2) schützen. In der Rechtsexpertise zur Aufnahme des sozialen Status heißt es, dass die »Aufnahme der Kategorie [...] der Erkenntnis [entspricht], dass mit der sozioökonomischen Lage einer Person unterschiedliche Anerkennungsformen und Wertschätzung in der Gesellschaft einhergehen« (Aghazadeh-Wegener et al. 2020: 31).

Welche Klagewege mit der Aufnahme des sozialen Status in das Berliner LADG gegangen werden können, ist noch unklar (ebd.: 33). Zum einen muss die Information erst einmal in den betroffenen Communitys ankommen und zum anderen muss klar sein, ob eine Klage überhaupt bezahlbar ist – ob es also kostenfreien Rechtsbeistand gibt. Auch wenn ich nicht die größte Vertreterin der Lösung von Problemen mit langwierigen Gerichtsverfahren bin, so kann ich der (Wunsch-)Vorstellung, dass es irgendwann erste Präzedenzfälle geben könnte, nach denen Vermieter*innen verklagt werden, weil sie nicht an Bezieher*innen von Bürgergeld vermieten, einiges abgewinnen. Ob darüber hinaus auch ein ganzes Bildungssystem verklagt werden kann, wird sich zeigen, aber auch hier hoffe ich, dass junge Menschen und ihre Bezugspersonen sich zur Wehr setzen und ihr schon in den Kinderrechten verbrieftes Recht auf Nicht-Diskriminierung einfordern.

Deutlich sollte aber sein, dass Teilhabe und Chancengleichheit ohne konsequenten Diskriminierungsschutz nicht umgesetzt werden können. Dieser Schutz muss strukturell und nicht individuell gedacht werden. Das heißt, dass es nicht um die Klagen von Einzelpersonen geht, sondern um umfassende Veränderungen im System, die dazu beitragen, dass Diskriminierung gar nicht erst entsteht. Für das Bildungssystem heißt das, dass es nicht mehr vorkommen sollte, dass nach diskriminierenden Merkmalen vorsortiert und ausgesiebt wird, sondern alle jungen Menschen eine bedarfsgerechte Förderung erhalten.

Ressourcen gerecht verteilen

In einem ungerechten System Gerechtigkeit zu denken, fällt schwer. Und auch wenn es in meiner Darstellung von Lehrer*innen als Gatekeeper*innen im Bildungssystem vielleicht nicht so gewirkt haben mag – ich habe großes Verständnis dafür, dass Einzelpersonen relativ wenig Lust, Zeit oder Energie dafür haben, in kaputtgesparten Schulen strukturelle Defizite individuell ausgleichen zu sollen. Daher muss einer der ersten und wichtigsten Schritte darin bestehen, Bildungsinstitutionen derart umfassend zu finanzieren, dass ein bedarfsgerechtes Lernen überhaupt erst ermöglicht wird: kleine Klassen, gute Ausstattung, digitale Lehr- und Lernmöglichkeiten, Flexibilität im Lehrplan, Lehrmittelbefreiung, Möglichkeiten zur Weiterbildung und Professionalisierung und auch eine angemessene Bezahlung der Lehrkräfte sowie Arbeitsbedingungen, die nicht in den Burnout treiben.

Die Finanzierung von Bildungsgerechtigkeit, um sicherzustellen, dass alle Lernenden den gleichen Zugang zu den Bildungswegen erhalten, die sie sich wünschen, erfordert also deutlich mehr Geld, das in das Bildungssystem gesteckt wird. Es müssen mehr Mittel für Schulinfrastruktur, Lehrer*innenfortbildungen und innovative pädagogische Ansätze bereitgestellt werden, um das Bildungssystem insgesamt zu stärken. Es ist entscheidend zu betonen, dass die Finanzierung von Bildungsgerechtigkeit keine Einheitslösung erfordert, sondern eine sorgfältig abgestimmte Kombination verschiedener Mechanismen. Um diesem Ziel gerecht zu werden, bedarf es einer umfassenden Analyse der bestehenden Herausforderungen und einer konsequenten Umsetzung von Maßnahmen, die eine ausgeglichene Verteilung vermehrter Ressourcen sicherstellen. Denn nicht nur mehr Gelder, auch eine gezielte Umverteilung von Ressourcen innerhalb des Bildungssystems ist notwendig, um finanzielle Ungleichheiten zu verringern.

Ein erster Schritt könnte hier sein, die Bedürfnisse und Anforderungen verschiedener Bildungseinrichtungen zu evaluieren. Faktoren wie die Schüler*innenzahl, die geografische Lage, sozioökonomische Indikatoren und besondere Bildungsbedürfnisse sollten hier in den Blick genommen werden. Durch eine detaillierte Bestandsaufnahme können gezielte Maßnahmen entwickelt werden, um den spezifischen Anforderungen jeder Institution gerecht zu werden.

Ein weiterer entscheidender Schritt ist die Einführung transparenter und fairer Finanzierungsmechanismen. Dies umfasst die (Weiter-)Entwicklung eines klaren und gerechten Verteilungsschlüssels, der sicherstellt, dass Bildungseinrichtungen mit höherem Bedarf auch entsprechend mehr Ressourcen erhalten. Hierbei sollten nicht nur quantitative Aspekte berücksichtigt werden, sondern auch qualitative Kriterien wie die Ausstattung der Klassenzimmer und die Verfügbarkeit von

Lehrmaterialien in die Bewertung einfließen. Zudem sollte auch der Sozialraum, der über die Schulen hinausgeht, mit in den Blick genommen werden. Durch transparente Finanzierungsmechanismen, regelmäßige Überprüfungen und die gezielte Förderung strukturell vernachlässigter Gruppen kann eine inklusive Bildungsumgebung geschaffen werden, die den Prinzipien der Chancengleichheit entspricht.

Um Entlastung bei weiterführenden Ausbildungen in Betrieben, Schulen und Hochschulen zu schaffen, sodass die Lernenden sich auf die jeweiligen Bildungsinhalte konzentrieren können, ohne sich Sorgen um ihre finanzielle Existenzgrundlage machen zu müssen, braucht es eine Abschaffung bzw. deutliche Verschlankung der Puzzlefinanzierung. BAföG-Sätze müssen erhöht, die Schuldenlast verringert und Ressourcen zur Verfügung gestellt werden. Zudem muss Hochschulen verdeutlicht werden, mit welchen Herausforderungen Studierende aus der Arbeiter*innen- und Armutsklasse, ohne Abitur oder auch längeren Bildungsweg, an Hochschulen zu kämpfen haben und wie sie diesen Studierenden flexibel entgegenkommen können.

Ich habe bereits aufgezeigt, dass es Personengruppen gibt, die durch elternabhängige Finanzierungen vor besondere Herausforderungen gestellt werden, und dass es nicht nachvollziehbare gesetzliche Regelungen für unter 25-Jährige gibt, die einen Auszug aus dem Elternhaus nicht vorsehen. Dies trifft Careleaver*innen genauso wie junge Menschen in Ausbildungsverhältnissen oder aus Familien, die von Transferleistungen abhängig sind. Daher ist eine Überarbeitung von elternabhängigen Faktoren dringend notwendig. Bedingungslose Finanzierungsmöglichkeiten mit stark verschlankten Antragswegen können hier entlasten.

Um all dies zu finanzieren, ist es selbstverständlich notwendig, deutlich mehr Mittel in der Haushaltsplanung des Bundestages für Bildung bereitzustellen oder gar zusätzliche

Finanzierungswege aufzutun: So ist eine immer lauter werdende Forderung die nach einem Steuersystem, bei dem höhere Einkommen und vor allem Vermögen höher besteuert werden, um zusätzliche Mittel für Bildung zu generieren. Initiativen wie »Tax me now« oder »Finanzwende« weisen seit geraumer Zeit darauf hin, dass eine Besteuerung von superreichen Personen sowohl möglich als auch überfällig ist, um eine gerechte Gesellschaft – und damit auch Bildungsgerechtigkeit – zu finanzieren.

Bildunsgpolitik verändern

Ich lehne es rundweg ab, junge Menschen im Sinne einer verwertbaren Ressource in die Diskussion zu bringen. Mir ist bewusst, dass es eine Strategie sein kann, Machthaber*innen vorzurechnen, wie viel der Staat am Ende von den jungen Menschen zurückbekommt, wenn sie gut ausgebildete Steuerzahler*innen sind. Das mag sein. Aber ich möchte mich in Bezug auf Bildungsgerechtigkeit nicht auf eine Verwertungslogik zurückziehen. Oder: Ich möchte kein System denken, in dem Menschen nur hinsichtlich der Lohnarbeit, die sie nach einer Ausbildung leisten können, Wert zugemessen wird. Der Handlungsbedarf darf sich nicht daraus ergeben, dass man noch einmal deutlich darauf hinweist, dass es zum Beispiel der demografische Wandel eigentlich verbietet, auch nur einen jungen Menschen auf der Strecke zu lassen. Es sollte klar sein, dass es in jedem Fall nicht zulässig ist, junge Menschen auf der Strecke zu lassen. Punkt.

Zudem reagiere ich zuweilen etwas ungehalten, wenn erwachsene Personen in Bezugssystemen, also Lehrer*innen, Rektor*innen und auch Schulsozialarbeiter*innen, sich aus der Verantwortung stehlen wollen und ihre eigene Überlastung zentrieren. Dafür habe ich einerseits Verständnis: überlastete Systeme, Fachkräftemangel, schlechte Ausstattung, wenig

Anerkennung. Andererseits finde ich es unzulässig, sich in diesem Zusammenhang zu inszenieren, als sei man selbst von dem ungerechten System genauso betroffen wie die jungen Menschen. Der Unterschied in der Betroffenheit liegt für mich in der Handlungsfähigkeit. Erwachsene Personen sollten in der Lage sein, sich für ihre Arbeitsbedingungen einzusetzen oder sich in Gewerkschaften zu organisieren, die sich dann entsprechend engagieren. Das ist in meinen Augen der Weg, um die eigenen Beschwerden vorzutragen. Als Argument dafür, die strukturelle Vernachlässigung von jungen Menschen hinzunehmen, taugen sie nicht.

Ich sage das so hart, weil es dringend deutliche Veränderungen in der Haltung gegenüber den Schüler*innen, in der Reflexion von Machtverhältnissen in Schulen und auch in der Arbeit mit Eltern und erwachsenen Bezugspersonen braucht. Es braucht umfassende und obligatorische Weiterbildungs- und Sensibilisierungsprogramme für Lehrende (und den Raum, die Finanzierung und die Freistellung der Lehrenden für diese Weiterbildungen), in denen ihnen das eigene Zutun zu diskriminierenden Strukturen bewusstgemacht wird.

Aber selbstverständlich ist nicht nur ein Mentalitätswandel beim Lehrpersonal notwendig. Was abgeschafft werden muss, ist das frühe Aufteilen von jungen Menschen auf verschiedene Schulformen und damit auch das mehrgliedrige Schulsystem. Es hat sich mit Blick auf den Anspruch der Chancengleichheit nicht bewährt und zementiert soziale Ungleichheit. Vielfältige Ideen und alternative Bildungskonzepte gibt es bereits, sie sind nur nicht allen zugänglich und müssen meist privat gezahlt werden. Die Schulgelder liegen bei mehreren Hundert Euro pro Monat. Auch sogenannte ›Sozialbeiträge‹ liegen im Hunderterbereich. Beträge, die sich materiell arme Familien in der Regel nicht leisten können.

Ich habe im Laufe meiner Zeit als Sozialarbeiterin die verschiedensten Schulen und Konzepte kennengelernt. Besonders prägend war für mich eine private Oberschule, die ihren Schüler*innen individuelle Nachhilfe anbot, viele schön gestaltete Räume für Lerngruppen und kleine Lernecken für Einzelarbeiten bereitstellte und in der Lerncoaches als Ansprechpartner*innen für individuelle Lernziele und eventuelle Schwierigkeiten zur Verfügung standen. Dazu die Möglichkeit der Vollverpflegung im Ganztagsbetrieb. Einerseits fand ich diese Schule ganz wundervoll und freute mich, dass die junge Person, die ich zu der Zeit ein Stück auf ihrem Lebensweg begleitete, dort sein konnte. Andererseits erfüllt es mich mit Wut, dass solche Bedingungen nicht für alle jungen Menschen geschaffen werden.

Was bei einer Durchsicht der Selbstdarstellungen verschiedener privater Schulen auffällt, die nicht dem mehrgliedrigen Regelschulsystem entsprechen, ist die starke Betonung einer durchgehenden Klassengemeinschaft von der ersten Klasse bis zum Ausbildungs- und Studienbeginn. Üblicherweise gehen Grundschulstufen hier bis zur sechsten Klasse. Während also eine verlängerte Grundschulphase in privilegierten Kreisen als Bildungsvorteil für junge Menschen herausgestellt wird, wird dies (ich denke wieder an die Elternproteste in Hamburg) als gesamtgesellschaftliche Idee zum Abbau von Ungleichheit mit voller Inbrunst und Diskursmacht abgelehnt und Reformen werden abgewehrt. Dass sich diese Abwehrhaltung durchsetzen kann, ist ein zutiefst undemokratischer Prozess: Entscheidungen über Reformen sollten von mehr Menschen getragen werden als nur von denen, die Kontakte und Einfluss haben. Eine umfassende Bildungsreform muss die Eltern und Herkunftskontexte in den Blick nehmen, die sonst nicht gehört werden und die regelmäßig Abwertung erfahren.

Im Bereich der frühkindlichen Bildung gilt die Aufforderung zu einer diversitätssensiblen und vorurteilsbewussten Begleitung junger Menschen genauso wie für die Schulen – oder auch für den weiterführenden Bildungsweg.

Interdisziplinäre Teams an Bildungsinstitutionen, die individuell auf Lernende eingehen können und im besten Fall auch mit der Lebenswelt der Schüler*innen vertraut sind, können eine positive Lernumgebung schaffen und Fördermöglichkeiten eröffnen. Zu Förderungsmöglichkeiten gehören auch außercurriculare Lernerfahrungen, wie musikalische Bildung, Versorgung von Tieren, Gartengestaltung und andere Freizeitangebote, die ohne Notendruck gestaltet werden. Hier können auch Eltern und erwachsene Bezugspersonen niedrigschwellig eingebunden werden. Mir ist bewusst, dass es solche Konzepte bereits gibt, aber ich möchte noch einmal bekräftigen, dass solche informellen Räume die Schule zu einem positiven Ort machen können. An meiner Gesamtschule, die ich in den 1990er Jahren besuchte, waren zum Beispiel am Nachmittag Eltern an zusätzlichen Freizeit- und Unterrichtsangeboten beteiligt. So lernte ich Niederländisch und wie ein Kompost angelegt wird, aus freier Entscheidung, und nicht, weil es auf dem Lehrplan stand.

In diesem Zuge kann auch gleich die Frage gestellt werden, inwiefern Noten überhaupt notwendig sind und ab welcher Klassenstufe sie Sinn machen. Noten können ein unnötiges Machtmittel sein, das zudem auch oft willkürlich vergeben wird. Werden Noten vergeben, sollte mindestens ein obligatorisches Vier-Augen-Prinzip eingeführt werden, bei dem eine unabhängige Lehrperson die Notengebung ohne Wissen über die Geprüften gegencheckt. So können vorurteilsbehaftete Verzerrungen zumindest verringert werden. Ein transparentes Beschwerdemanagement, das alle Statusgruppen, inklusive der Schüler*innen und Eltern, einlädt, konstruktive Kritik zu äußern und Veränderungsvorschläge ermöglicht sowie Raum für paritätisch besetzte Selbstvertretungen gibt, kann zu einer machtsensiblen Schule beitragen.

Über Reformen hinaus muss es auch grundlegende gesellschaftliche Veränderungen geben. Eine Anhebung des

Mindestlohns und auch eine Erhöhung von Transferleistungen deutlich über die Armutsgrenze können ein Anfang zum Abschaffen von materieller Armut sein.

Schulen sollten so ausgestattet sein, dass erforderliche Materialien vor Ort verfügbar sind. Schulhefte, Stifte, Kunstmaterialien und auch Bücher sollten von den Schulen gestellt werden – selbstverständlich bei einer entsprechenden öffentlichen Finanzierung.

Das führt zum einen dazu, dass kein*e Schüler*in aufgrund von Markenunterschieden ausgegrenzt wird, zum anderen haben alle die gleichen Voraussetzungen, um zum Beispiel am Kunstunterricht teilzunehmen. Der letzte Punkt erschließt sich vielleicht nicht auf den ersten Blick – aber die Materialunterschiede sind hier enorm und können auch dem kunstinteressiertesten jungen Menschen den Spaß am eigenen Ausdruck rauben.

Nun ließe sich sagen, dass das 2011 bundesweit beschlossene Bildungs- und Teilhabepaket eine Möglichkeit ist, struktureller Ungleichheit entgegenzuwirken. Darin wird festgelegt: Die Höhe der Unterstützung ist nicht pauschal zu beziffern, sondern richtet sich nach der Bedarfslage, jede Leistung muss einzeln beantragt werden. Eine Ausnahme bildet das Schulbedarfsgeld von 174 Euro pro Schuljahr. Das Bildungspaket soll Leistungen für Bildung und Teilhabe für strukturell benachteiligte Kinder und Jugendliche gewähren, ist aber trotz seiner positiven Intentionen kritisch zu betrachten. Eine Herausforderung liegt in der bürokratischen Komplexität des Antragssystems, was zu Intransparenz und Unklarheiten bei der Antragsstellung führen kann. Eltern und Bezugspersonen empfinden die Antragsprozesse oft als aufwendig und wenig nutzungsfreundlich, was die tatsächliche Inanspruchnahme der Leistungen beeinträchtigen kann. Des Weiteren ist zu kritisieren, dass das Bildungspaket nicht immer ausreichend ist, um die tatsächlichen Kosten für schulische Aktivitäten,

Nachhilfe oder außerschulische Veranstaltungen zu decken. Wer zudem schon einmal in der Situation war, die Person in der Klasse zu sein, die für jeden Ausflug und jede Klassenfahrt einen Antrag stellen muss, der dann unter Umständen vor der ganzen Klasse verhandelt wird, weiß, wie beschämend diese Situation ist. Auch die Person zu sein, die gebrauchte Bücher aus dem Fundus bekommt, ist ein jährlicher Walk of Shame. All das führt dazu, dass einige strukturell vernachlässigte Kinder und Jugendliche trotz des Bildungspakets weiterhin von vielen Bildungsmöglichkeiten ausgeschlossen sind (vgl. Geiger 2014).

Im Bereich der Studienförderung ließe sich sagen, dass Stipendien eine Möglichkeit darstellen, ein Studium ohne Schuldenanhäufung zu finanzieren. Aber auch hier wird klassistisch, rassistisch und sexistisch aussortiert (vgl. Maier/Gassner 2016). Offenbar werden *weiße* cis-männliche Personen akademischer Herkunft bevorzugt gefördert. Dazu kommt, dass Studierende aus der Arbeiter*innen- und Armutsklasse häufig gar nicht wissen, dass es Stipendien gibt.

Beispiele guter Praxis

Der Blick in Schulen, die als Alternative zum bestehenden Angebot gelten, zeigt, dass es viele gute Ideen und Konzepte gibt, um ein gutes Lernumfeld zu schaffen und auch Förderung von individuellen Bedürfnissen zu gewährleisten. Verschiedene Initiativen und einzelne Projekte stellen den Zugang zu Bildung in den Fokus und geben Impulse zu einem Umdenken.

Die »Initiative Kreidestaub« setzt sich seit 2013 als studentische Initiative für eine »Verbesserung der Lehrkräfteausbildung« (Kreidestaub 2022) ein. Diese Verbesserung bedeutet für die Initiative nicht nur eine Sensibilisierung für Diskriminierung, sondern auch eine machtkritische Haltung und eine Reflektion der eigenen Bildungssozialisation. Die Initiative arbeitet demokratisch und an vielen Standorten. Erfrischend ist, dass nicht nur systemkritische Ansätze vertreten werden, sondern zudem der Lehrberuf als eine politische Profession benannt und auch die Selbstsorge nicht vergessen wird. So heißt es im Selbstverständnis ausdrücklich: »Wir ›feiern‹ Überlastung nicht.«

Die Initiative gehört zu den Erstunterzeichnenden der 2023 ins Leben gerufenen Kampagne »Bildungswende jetzt«, die vier starke Forderungen an Regierende formuliert: ein Sondervermögen von mindestens 100 Milliarden Euro und mindestens 10 Prozent des Bruttoinlandprodukts für Bildung, eine Ausbildungsoffensive für Lehrer*innen und Erzieher*innen, eine zukunftsfähige und inklusive Schule und zuletzt einen Bildungsgipfel auf Augenhöhe, bei dem unterschiedliche Status- und Expert*innengruppen zusammenkommen und über ein gerechtes Bildungssystem diskutieren. Die Kampagne organisierte im Herbst 2023 bereits bundesweite Proteste, die Hoffnung auf eine schulformübergreifende solidarische Bewegung machen.

Dass Privatschulen auch ohne für viele Menschen unbezahlbare Monatsbeiträge funktionieren können, zeigt die Quinoa-Schule in Berlin. Sie ist eine der wenigen Schulen, die gezielt junge Menschen anspricht, die aus nicht-privilegierten Herkunftssituationen kommen. Das Schulgeld beträgt durchschnittlich 35 Euro im Monat, Familien, die Transferleistungen beziehen, müssen nichts zahlen. Die Schüler*innen bekommen hier Bildungsbegleitung auch über den Schulabschluss hinaus. Eine solch intensive Begleitung kann struktureller Bildungsbenachteiligung entgegenwirken (vgl. Pauli 2021), wird aber trotz der Erfolgsquote der Schule nicht flächendeckend umgesetzt.

Als eine radikal andere Schule präsentiert sich die Schule für Erwachsenenbildung (SfE), ebenfalls in Berlin. Hier kann auf dem ›zweiten Bildungsweg‹ neben dem mittleren Schulabschluss (MSA) auch das Abitur erreicht werden. Die 1973 gegründete Schule organisiert sich selbstverwaltet, das heißt, dass alle Statusgruppen der Schule – Schüler*innen, Lehrer*innen und Angestellte – auf der zweiwöchentlich stattfindenden Vollversammlung basisdemokratisch über die Belange der Schule abstimmen. Es gibt keine Noten, diese werden als »Druckmittel zur Motivierung und Disziplinierung« (SfE Homepage) und als »Neugier-Bremse« (ebd.) abgelehnt. Dem durch Noten entstehenden »Konkurrenzdruck« (ebd.) und den »Hierarchien zwischen Lehrenden und Studierenden« (ebd.) wird sich damit entgegengestellt. Auch die SfE kommt nicht ohne ein Schuldgeld aus, das auf Antrag aber auch erlassen werden kann.

Neben der SfE gibt es nur wenige demokratische Schulen in Deutschland, die aus der anti-autoritäten-Pädagogik-Bewegung hervorgegangen sind. Das Konzept völlig freier Unterrichtsgestaltung durch die Schüler*innen ohne Notenvergabe und gemeinschaftlicher Entscheidungsfindung hat sich in der Form nicht durchgesetzt. Hier muss angemerkt werden, dass anzunehmen ist, dass demokratische Schulen – wie die meisten privaten Schulen – eher von klassenprivilegierten Schüler*innen besucht werden. In einer 1986 von der Universität Chicago durchgeführten Studie zur *Sudbury Valley School*, eine an die vielleicht bekanntere *Summerhill* Schule angelehnte demokratische Schule, stellten die Forschenden fest, dass der überwiegende Teil der Schüler*innen aus der akademischen Mittelklasse kam (Gray/Chanoff 1986: 193). Dennoch denke ich, dass es sich lohnt, darüber nachzudenken, ob eine staatlich finanzierte, ent-hierarchisierte Schule, bei der Lehrende und Lernende sich auf einer kollegialen Ebene begegnen und Bildungs- und damit auch Förderungswünsche aus Eigenmotivation entstehen und Noten und Verwertungslogiken nicht im Vordergrund der Schulbildung stehen, nicht eine Möglichkeit ist, um den diskriminierenden ›Ausgrenzungsapparat Schule‹ (Wellgraf 2021) grundlegend zu reformieren.

Der – vielleicht etwas romantisierende Blick – auf Bewegungen, die in der Vergangeheit revolutionäre neue Schulmodelle entwickelt und umgesetzt haben, liegt mir in Momenten großer Ernüchterung immer besonders nahe. Aber werfen wir noch einen Blick auf Impulsgeber*innen der Gegenwart: zum Beispiel auf die Organisation *Arbeiterkind.de*. *Arbeiterkind.de* leistet seit Jahren Aufklärungsarbeit gerade mit Informationskampagnen zu Stipendien und versucht, diese Möglichkeit der Finanzierung möglichst vielen Neu-Akademiker*innen nahezubringen. *Arbeiterkind.de* ist ein gemeinnütziger Verein, der sich zum Ziel gesetzt hat, Bildungschancen zu verbessern und den Zugang zu Bildung für Studieninteressierte aus nichtakademischen Familien zu erleichtern. Der Verein wurde 2008 gegründet und setzt sich aktiv für Chancengerechtigkeit ein, indem er Studieninteressierte mit nicht-akademischem Hintergrund durch ehrenamtliche Mentor*innen unterstützt. Diese bieten ihre Erfahrungen und Ratschläge an, um potenzielle Studierende bei der Studien- und Berufswahl sowie im Bewerbungsprozess zu begleiten.

Arbeiterkind.de arbeitet damit nach den Prinzipien Selbstorganisation und Empowerment: Studierende und ehemalige Studierende aus nicht-akademischen Herkunftskontexten organisieren sich gemeinsam und unterstützen sich gegenseitig, um klassistischen Strukturen besser begegnen zu können. Ein solches gegenseitiges Empowerment kann auch im Kleinen den entscheidenden Unterschied machen.

Eine besonders schöne Idee, um auch die Eltern nicht-akademischer Studierender an die Universität einzuladen, ist mir im Kontext der »Working Class / Poverty Class Academics Conference« in Wisconsin begegnet. Die dort aktive *Working Class Student Union* hatte dazu aufgerufen, dass die Studierenden mit ihren Familien ihre liebsten Rezepte aufschreiben. Diese wurden dann als Kochbuch gedruckt. Mich hat dieses Mit-Denken von Familien und Herkunftskontexten in der Praxis damals sehr beeindruckt: eine ausdrückliche Einladung an die Universität und zur Mitarbeit an etwas, zu dem alle etwas beitragen können.

Organisationen wie die *Working Class Student Union* gibt es auch im deutschsprachigen Raum. Noch bis vor wenigen Jahren gab es nur das *FikuS – Referat für finanziell und kulturell benachteiligte Studierende* für Studierende aus der Arbeiter*innen- und Armutsklasse vom AStA der Universität Münster. Von diesem Referat wurde lange auch der *Dishwasher*, ein Magazin für Studierende aus der Arbeiter*innen- und Armutsklasse, herausgegeben. Der *Verein zum Abbau von Bildungsbarrieren* hat inzwischen die Herausgeber*innenschaft übernommen, ist aber noch eng an das FikuS-Referat angebunden. Mittlerweile haben sich in mehreren Städten Referate für Studierende gegründet, die aus nicht-akademischen Kontexten kommen. Es geht in diesen Räumen nicht nur um das Erkennen der eigenen Situation, um die Lebenssituation dieser

Studierenden beschreib- und benennbar zu machen, sondern auch um Zusammenschlüsse und starke Bündnisse, mit denen (hochschul-)politische Forderungen formuliert und vertreten werden.

Zudem gibt es Bildungsinitiativen, die für Klassismus sensibilisieren, wie *KikK – Klassismus ist keine Kunstepoche*. KikK versteht sich als »Bildungsbande und Politgruppe, die in Berlin zuhause ist und überall dort, wo Menschen sich mit Klassismus auseinandersetzen möchten, tätig wird« (Homepage KikK). Die Gruppe bietet Weiterbildungen für unterschiedliche Zielgruppen an und versteht sich hierbei als »parteiisch für und mit negativ von Klassismus Betroffenen« (ebd.). KikK organisiert auch einen monatlichen Anti-Klassismus-Tresen ohne Konsumzwang und mit dem Angebot, Getränkekosten solidarisch umzuverteilen.

Im Bereich der Selbstorganisationen an Schulen fehlt eine solche Initiative zur Sensibilisierung für Klassismus allerdings bisher.

Zusammengenommen bilden all diese kleinen und größeren Zusammenschlüsse allerdings keine Alternative zu einer kompletten Neuorganisation des Bildungssystems, wie ich sie im vorherigen Kapitel als notwendig formuliert habe.

Fazit

Sich ein komplett anderes System zu wünschen und gleichzeitig im Bestehenden nach Lösungen und Entlastungen zu suchen, ist ein Widerspruch, den ich in diesem Buch nicht auflösen kann. Ich habe fast zehn Jahre mit jungen Menschen zusammengearbeitet, die im bestehenden System abgehängt werden, die nicht einmal genug Zeit bekommen, Teenager zu sein, bevor sie große Entscheidungen treffen müssen.

Während ich diese Zeilen schreibe, laufen die Auswertungen zu den aktuellen PISA-Befunden. Von einem »Debakel« ist die Rede. Als Verantwortliche werden in der Debatte zunächst die Lehrenden genannt, die wiederum verweisen auf die schlechte Ausstattung und Arbeitsbedingungen, die an eine Lehr- und Lernumgebung nicht denken lassen. Es ist – wie eingangs geschrieben – eine sich wiederholende, performative Suche nach Schuldigen. Beim Eintauchen in die verschiedenen Studienerhebungen der letzten Jahre wurde deutlich, dass sich der Trend der Bildungsvererbung schon in den 1960er Jahren abzeichnete, aber keine ernsthaften Gegenprogramme entwickelt wurden, um den Zugang zu Bildung wirklich gerecht zu gestalten. Zivilgesellschaftliche Initiativen, die sich vernehmbar zu Wort meldeten, waren die der privilegierten Eltern, die sich vehement und diskursstark gegen die Abschaffung des Gymnasiums und gegen eine Verlängerung der Grundschulphase für alle Kinder wehrten (außer bei den eigenen, wo eine lange Grundschulphase durchaus befürwortet wurde).

Das bringt mich zu dem Schluss, dass Bildung nicht als Privatsache, sondern als Gemeinschaftsaufgabe gesehen werden muss. Es muss gesamtgesellschaftlich dafür gesorgt werden, dass das Schulangebot für alle gleich gut ist. Das Bildungssystem muss so gestaltet werden, dass jeder junge Mensch gefördert wird und die Unterstützung bekommt, die gebraucht wird. Leitend in dieser Debatte sollte die Frage sein: »Wäre das gut genug für Ihr (eigenes) Kind?«. Diese Frage wird im Kontext der Care-Leaver*innen-Bewegung bereits ins Zentrum gestellt. Es gibt in dieser Debatte die Idee des ›Corporate Parenting‹: dass der Staat in den Fällen, in denen Eltern und Herkunftskontexte Kinder und Jugendliche nicht ausreichend unterstützen können, an die Stelle der Eltern tritt und den Mangel an Ressourcen kompensiert, sodass die jungen Menschen, die dem Staat anvertraut werden, die gleichen Chancen und Möglichkeiten, die gleiche Sorge und Sicherheit erfahren wie ihre Peers es idealerweise tun. Die Frage, ob bestimmte Zustände, Bedingungen oder Entscheidungen »gut genug für das eigene Kind« wären, sollten sich Entscheidungsträger*innen in der Gestaltung des Bildungssystems immer stellen.

Als Person, die von feministischen Sozialarbeiter*innen sozialisiert wurde, erinnere ich zudem gern an Grundkonzepte, die aus der feministischen Arbeit stammen, insbesondere an das der Parteilichkeit. In feministischen Kontexten bezieht sich Parteilichkeit darauf, eine klare Positionierung für die Interessen, Rechte und Anliegen von FLINTA* einzunehmen. Dies bedeutet, dass Feminist*innen die bewusste Entscheidung treffen, auf der Seite von FLINTA* zu stehen und sich gegen (hetero-, cis-)sexistische Diskriminierung einzusetzen. Parteilichkeit im feministischen Sinne bedeutet also, dass sich Menschen mit Macht aktiv an die Seite von Menschen stellen, die weniger Macht haben, – ohne sie zu bevormunden. Wir brauchen auch für junge Menschen, die durch das aktuelle Bildungssystem diskriminiert werden, eine radikale Parteilichkeit, die diese jungen Menschen und ihre Bedürfnisse auf allen Ebenen priorisiert, anstatt sie so sehr abzuhängen und zu vernachlässigen, dass ihnen der Glaube an ein politisches Gehört-Werden abhanden kommt. Radikale Parteilichkeit heißt, nicht diejenigen zu priorisieren, die einem*r aus unterschiedlichen Gründen sympathisch sind, sondern sich in die Lage zu versetzen, das Potenzial in jeder einzelnen Person zu sehen. Es geht mir hier ausdrücklich nicht ausschließlich um Haltungsfragen, sondern darum, ein System zu gestalten, das die Umsetzung dieser Haltung auch ermöglicht. Mit Blick auf materielle Anforderungen plädiere ich für eine Entkoppelung von elterlichem Support. Damit meine ich ein elternunabhängiges BAföG, das sich nicht an Regelstudienzeiten orientiert und Raum für Scheitern gibt einerseits, aber auch die materielle Ausstattung, die für die jeweilige Bildungsinstitution benötigt wird, von der Grundausstattung bis zum Laptop, damit Bildungsmöglichkeiten zumindest materiell nicht von der Herkunftsfamilie abhängen.

Von einer KiTa angefangen, in der die Erzieher*innen nicht nur beklatscht, sondern auch angemessen bezahlt werden, über gute Arbeitsbedingungen für Lehrer*innen, über eine verlängerte Grundschulphase mit Übergang in eine Gemeinschaftsschule, an der unterschiedliche Abschlüsse erreicht werden können, bis hin zur Wunschgestaltung des weiteren Lebenswegs muss jungen Menschen eine angemessene und individuelle Betreuung an die Seite gestellt werden, sodass sie nicht vom System aufgerieben werden. Diese Ziele können nur gemeinsam und solidarisch erreicht werden.

Danke!

Ein Buch schreibt sich nie von allein. In dieses sind unzählige Diskussionen mit Kolleg*innen, Freund*innen, Genoss*innen, Studierenden und nicht zuletzt Workshop- und Vortragsteilnehmenden geflossen. Ihnen und Euch möchte ich zuerst danken!

Dem Unrast Verlag, insbesondere Marie Bickmann, danke ich für eine anerkennende und wertschätzende Begleitung. Francis Seeck danke ich nicht nur für Anmerkungen und Kommentare zu diesem Buch, sondern als jahrelange*r Wegbegleiter*in. Für die Erinnerung daran, dass nicht nur Pflanzen Tageslicht brauchen, unzählige Kaffees und ein offenes Ohr danke ich Kel Petry. Und last-but-not-least Finbar, der bei jedem Wetter dafür sorgt, dass das mit dem Tageslicht-Abbekommen auch umgesetzt wird.

Literaturverzeichnis

Abou, Tanja (2017): Klassismus oder Was meine ich eigentlich, wenn ich von Klassismus spreche? Eine Annäherung. Informations- und Dokumentationszentrum für Antirassismusarbeit e. V. (IDA).

Abou, Tanja; Seeck, Francis; Theißl, Brigitte; Witte, Martina (2020): Feministischer Klassenkampf – Strategien gegen Klassismus und Akademisierung aus (queer-)feministischer Perspektive, in: Seeck, Francis; Theißl, Brigitte: Solidarisch gegen Klassismus – organisieren, intervenieren, umverteilen. Unrast Münster, S. 35 – 44.

Adorno, Theodor Wiesengrund (1975): Zum Verhältnis von Psychologie und Soziologie. In: Gesellschaftstheorie und Kulturkritik. Suhrkamp, Frankfurt am Main.

Andresen, Sabine; Lips, Anna; Möller, Renate; Özdemir, Ersan; Schröer, Wolfgang; Thomás, Severine; Wilmes, Johanna (2023): JuCo IV. Der Einfluss der Corona-Pandemie auf das Wohlbefinden junger Menschen. Trends und anhaltende Auswirkungen. Universitätsverlag, Hildesheim.

Aumair, Betina; Theißl, Brigitte (2020): Klassenreise: Wie die soziale Herkunft unser Leben prägt. ÖGB, Wien.

Autorinnenkollektiv (1992): Kommen auch Sie aus der BILDUNGSFERNE? Reader zum Projekttutorium. »Studiensituation von ArbeiterInnentöchtern an der Hochschule«. Selbstverlag, Berlin.

Aghazadeh-Wegener, Nazli; Liebscher, Doris; Hanschmann, Felix (2020): Rechtswissenschaftliche Expertise zur Diversity-Dimension »sozialer Status« mit Bezug auf das Berliner Landesantidiskriminierungsgesetz. Eine Welt der Vielfalt, Berlin. https://www.ewdv-diversity.de/fileadmin/user_upload/Publikationen_Mitglieder_PDF/DaSoS_Rechtsexpertise.pdf, aufgerufen am 7.1.2020.

Bargel, Holger; Bargel, Tino (2010): Ungleichheiten und Benachteiligungen im Hochschulstudium aufgrund der sozialen Herkunft der Studierenden, Arbeitspapier 202, Hans-Böckler-Stiftung, Düsseldorf.

Baron, Christian; Steinwachs, Britta (2012): Faul, Frech, Dreist. Die Diskriminierung von Erwerbslosigkeit durch BILD-Leser*innen. Edition Assemblage, Münster.

Pierre Bourdieu (1992): Die verborgenen Mechanismen der Macht. VSA Verlag, Hamburg

Brown, Rita Mae (1974): *The Last Straw*, in: Bunch, Charlotte; Myron, Nancy: Class and Feminism. A Collection of Essays from the Furies. Diana Press, Maryland.

Buchner, Tobias; Krendl, Christian (2023): Ableismus und Schule – ein machtvolles Verhältnis, in: Leonhardt, Nico; Goldbach, Anne; Staib, Lucia; Schuppener, Saskia (Hrsg.): Macht in der Schule. Wissen – Sichtweisen – Erfahrungen. Texte in Leichter Sprache, Einfacher Sprache und Fachsprache. Verlag Julius Klinkhardt, Bad Heilbrunn, S. 111–124.

Bulmann, Edelgard (2022): Konsequenzen aus der Sicht des Bundes, in: Arbeitsstab Forum Bildung in der Geschäftsstelle der Bund-Länder-Kommission für Bildungsplanung und Forschungsförderung, Abschlusskongress des Forum Bildung am 9. und 10. Januar 2002 in Berlin. https://www.pedocs.de/volltexte/2008/356/pdf/ergebnisse_fb_band03.pdf, aufgerufen am 17.1.2024.

Bundesminister für Bildung und Wissenschaft (1989): Das soziale Bild der Studentenschaft in der Bundesrepublik Deutschland, 12. Sozialerhebung des Deutschen Studentenwerkes, Bundesminister für Bildung und Wissenschaft, Bonn.

Czollek, Leah Carola; Perko, Gudrun; Kaszner, Corinne; Czollek, Max (2019): Praxishandbuch Social Justice und Diversity. Theorien, Training, Methoden, Übungen. Beltz Juventa, Weinheim Basel.

Dahrendorf, Ralf (1965): Bildung ist Bürgerrecht. Plädoyer für eine aktive Bildungspolitik. Nannen, Hamburg.

Edelstein, Benjamin (2023): PISA 2022: Wie Leistungsniveau und Chancengleichheit in Schulsystemen zusammenhängen, https://www.bpb.de/themen/bildung/dossier-bildung/543509/pisa-2022-wie-leistungsniveau-und-chancengleichheit-in-schulsystemen-zusammenhaengen/, aufgerufen am 11.1.2024.

El-Mafaalani, Aladin (2020): Mythos Bildung. Die ungerechte Gesellschaft, ihr Bildungssystem und seine Zukunft. Kiepenheuer & Witsch, Köln.

El-Mafaalani, Aladin (2014): Vom Arbeiterkind zum Akademiker. Über die Mühen des Aufstiegs durch Bildung. Konrad-Adenauer-Stiftung e. V., Sankt Augustin/Berlin.

Geiger, Andreas (2014): Das Bildungs- und Teilhabepaket – Probleme und Kritik aus Betroffenensicht. http://www.armutsnetzwerk.de/netzwerk-2014/home/bildung/224-das-bildungs-und-teilhabepaket-probleme-und-kritik-aus-betroffenensicht, aufgerufen am 10.1.2024

Gray, Peter; Chanoff, David (1986): Democratic Schooling: What Happens to Young People Who Have Charge of Their Own Education? American Journal of Education, Vol. 94, No. 2, (Feb., 1986), The University of Chicago Press, Chicago, S. 182–213.

Helbig, Marcel; Schmitz, Laura; Weinhardt, Felix (2022): Selbst wenn Privatschulen in der Nähe sind: Sozial benachteiligte Schüler*innen sind dort kaum vertreten, DIW Wochenbericht 51/52 / 2022, Deutsches Institut für Wirtschaftsforschung (DIW), Berlin, https://doi.org/10.18723/diw_wb:2022-51-1, aufgerufen am 17.1.2024.

hooks, bell (2020): Die Bedeutung von Klasse. Unrast, Münster.

hooks, bell (2000): Where we stand, Class Matters. Routledge, New York/London.

Hradil, Stefan (2008): Schulübergang: Kinder weniger gebildeter und einkommensschwächerer Eltern werden diskriminiert, https://presse.uni-mainz.de/schuluebergang-kinder-weniger-gebildeter-und-einkommensschwaecherer-eltern-werden-diskriminiert/, aufgerufen am 10.1.2024.

Kaiser, Astrid (2009): Vornamen: Nomen est omen, in: Oberfränkischer Schulanzeiger. Amtlicher Schulanzeiger für den Regierungsbezirk Oberfranken, Jg. 2009, Nr. 12, S. 15–19.

Kath, Gerhard (1974): Das soziale Bild der Studentenschaft in der Bundesrepublik Deutschland. 7. Sozialerhebung des Deutschen Studentenwerks, Schriftenreihe Hochschule15, Frankfurt am Main.

Kath, Gerhard; Wolf, Herbert (1969): Das soziale Bild der Studentenschaft in der Bundesrepublik Deutschland Wintersemester 1967/68, Deutsches Studentenwerk, Bonn.

Kath, Gerhard (1960): Das soziale Bild der Studentenschaft in Westdeutschland und Berlin, Sommersemester 1959, Deutsches Studentenwerk, Colloquium Verlag.

Kath, Gerhard (1957): Das soziale Bild der Studentenschaft in Westdeutschland und Berlin, Sommersemester 1956, Deutsches Studentenwerk, Colloquium Verlag.

Kemper, Andreas (2015): »Klassismus!« heißt Angriff. Warum wir von Klassismus sprechen sollten – und warum dies bisher nicht geschah, in: Kurswechsel 4/2015, S. 25–31.

Koné, Gabriele (2019): Armutssensibles Handeln in der Kita, in: Welt des Kindes, 1/2019, KTK-Bundesverband e.V., Freiburg, S. 16–19.

König, Alexandra (2020): Sozialisation als Selbstprojekt. Eine qualitative Längsschnittstudie zu Ausbildung und Studium. In: Gesellschaft –Individuum –Sozialisation (GISo). Zeitschrift für Sozialisationsforschung 1 (1).

Kreidestaub e.V. (2022): Lehramt weiter denken! https://www.kreidestaub.net/, aufgerufen am 10.1.2024.

Kubelt, Korinna (2020): Fact Sheet des Projekts »DaSoS – Diskriminierung aufgrund des sozialen Status sichtbar machen«. Eine Welt der Vielfalt, Berlin, https://www.ewdv-diversity.de/fileadmin/user_upload/Publikationen_Mitglieder_PDF/DaSoS_Factsheet.pdf, aufgerufen am 7.1.2024.

Lange-Vester, Andrea; Teiwes-Kügler, Christel (2014): Habitussensibilität im schulischen Alltag als Beitrag zur Integration ungleicher sozialer Gruppen, in: Sander, Tobias (Hrsg.): Habitussensibilität. Eine neue Anforderung an professionelles Handeln, Springer VS, Wiesbaden, S. 177–209.

Maaz, Kai; Baeriswyl, Franz; Trautwein, Ullrich (2013): II. Studie: »Herkunft zensiert?« Leistungsdiagnostik und soziale Ungleichheiten in der Schule, in: Dreißner, David (Hrsg.): Chancen bilden. Wege zu einer gerechteren Bildung, Ein internationaler Erfahrungsaustausch, Mit einer Studie zur Rolle der sozialen Herkunft bei Notengebung und Schulempfehlungen, Springer Verlag, Wiesbaden, S. 184–348.

Maier, Mira; Gassner, Alexander (2016): Stipendienstudie 2016, Bildungsförderung in Deutschland: Ungleichheiten beim Zugang zu Stipendien, ItS Initiative für transparente Studienförderung, Berlin.

Menke, Birger (2008): Wie rebellische Eltern das Gymnasium retten wollen, in: Spiegel Panorama vom 24.09.2008, https://lmy.de/AvsL, aufgerufen am 7.1.2024.

Meulenbelt, Anja (1988): Scheidelinien. Über Sexismus, Rassismus und Klassismus. Rowohlt, Reinbek bei Hamburg.

Middendorff, Elke; Apolinarski, Beate; Becker, Karsten; Bornkessel, Philipp; Brandt, Tasso; Heißenberg, Sonja; Poskowsky, Jonas (2017): Die wirtschaftliche und soziale Lage der Studierenden in Deutschland 2016. Zusammenfassung zur 21. Sozialerhebung des Deutschen Studentenwerks – durchgeführt vom Deutschen Zentrum für Hochschul- und Wissenschaftsforschung. Bundesministerium für Bildung und Forschung (BMBF), Berlin.

Möller, Christina; Gamper, Markus; Reuter, Julia; Blome, Frerk (2020): Vom Arbeiterkind zur Professur. Gesellschaftliche Relevanz, empirische Befunde und die Bedeutung biographischer Reflexionen, in: Reuter, Julia; Gamper, Markus; Möller, Christina; Blome, Frerk (Hrsg.): Vom Arbeiterkind zur Professur. Sozialer Aufstieg in der Wissenschaft. Autobiographische Notizen und soziobiographische Analysen. transcript Verlag, Bielefeld.

Möller, Christina (2021): Sozialer Aufstieg als Irritation der sozialen Ordnung: Analysen im Feld der Bildung und Wissenschaft zwischen Individuum und Struktur. https://www.ssoar.info/ssoar/bitstream/handle/document/81588/ssoar-2021-moller-Sozialer_Aufstieg_als_Irritation_der.pdf?sequence=1&lnkname=ssoar-2021-moller-Sozialer_Aufstieg_als_Irritation_der.pdf, aufgerufen am 17.1.2024

Oelkers, Jürgen (2019): Die deutsche Grundschule – ein Sonderfall in Europa, Deutsches Schulportal, https://deutsches-schulportal.de/expertenstimmen/die-deutsche-grundschule-ein-sonderfall-in-europa/, aufgerufen am 9.1.2024.

Schmeiser, Martin (2003): »Missratene« Söhne und Töchter, Verlaufsformen des sozialen Abstiegs in Akademikerfamilien, UVK Verlagsgesellschaft, Konstanz.

Schmitt, Lars (2010): Bestellt und nicht abgeholt. Soziale Ungleichheit und Habitus-Struktur-Konflikte im Studium. Verlag für Sozialwissenschaften, Wiesbaden.

Schule für Erwachsenenbildung, offizielle Homepage: https://sfe-berlin.de/, aufgerufen am 17.1.2024.

Schulze, Alexander; Unger, Rainer; Hradil, Stefan (2008): Bildungschancen und Lernbedingungen an Wiesbadener Grundschulen am Übergang zur Sekundarstufe I. Ergebnisbericht zur Vollerhebung der Grundschüler der 4. Klasse im Schuljahr 2006/07. Johannes Gutenberg-Universität, Mainz.

Seeck, Francis (2022): Zugang verwehrt. Keine Chance in der Klassengesellschaft: wie Klassismus soziale Ungleichheit fördert. Atrium Verlag, Zürich.

Seeck, Francis (2020): Hä, was heißt denn Klassismus? In: Seeck, Francis; Theißl, Brigitte: Solidarisch gegen Klassismus – organisieren, intervenieren, umverteilen. Unrast, Münster, S. 17–18.

Stangl, W. (2024, 13. Januar): Kevinismus, in: Online Lexikon für Psychologie & Pädagogik. https://lexikon.stangl.eu/13290/kevinismus, aufgerufen am 10.1.2024.

Stegemann, Dirk (2013): »Arbeitsscheu« und »asozial«, in: Genethischer Informationsdienst (GID) 220 vom Oktober 2013, S. 16–18.

Steinwachs, Britta (2015): Zwischen Pommesbude und Muskelbank. Die mediale Inszenierung der »Unterschicht«. Edition Assemblage, Münster.

Wellgraf, Stefan (2021): Ausgrenzungsapparat Schule. Wie unser Bildungssystem soziale Spaltungen verschärft. transcript, Bielefeld.

Wößmann, Ludger; Schoner, Florian; Freundl, Vera; Pfaehler, Franziska (2023): Der ifo-»Ein Herz für Kinder«-Chancenmonitor. Wie (un-)gerecht sind die Bildungschancen von Kindern aus verschiedenen Familien in Deutschland verteilt?, in: ifo Schnelldienst, Jg. 76, Nr. 4, S. 33-47.

Wüstendörfer, Werner (2008): »Dass man immer nein sagen muss«. Eine Befragung der Eltern von Grundschulkindern mit Nürnberg-Pass. Stadt Nürnberg Amt für Existenzsicherung und Soziale Integration – Sozialamt, Nürnberg.